Ånd, Sjæl og Krop I

Historien om den Mystiske søgen efter vores "selv"

Ånd, Sjæl og Krop I

Dr. Jaerock Lee

Ånd, Sjæl og Krop I af Dr. Jaerock Lee
Udgivet af Urim Books (Repræsentant: Kyungtae Noh)
73, Yeouidaebang-ro 22-gil, Dongjak-gu, Seoul, Korea
www.urimbooks.com

Medmindre andet bemærkes er alle citater fra Bibelen, Det Danske Bibleselskab, 1997.

Tidligere udgivet på koreansk af Urim Books i 2009

Første udgivelse: Juni 2014

Redigeret af Dr. Geumsun Vin
Design: Redaktionsbureauet ved Urim Books
For yderligere information: urimbook@hotmail.com

Forord

Folk vil som regel gerne have succes og leve lykkelige og behagelige liv. Men selv om man har både penge, magt og berømmelse, kan man ikke undslippe døden. Shir Huang-di, den første kejser i det antikke Kina, søgte efter en plante, som kunne give ham livets eliksir, men han undgik alligevel ikke døden. Ikke desto mindre fortæller Gud os i Bibelen, hvordan vi skal finde vejen til det evige liv. Dette liv flyder gennem Jesus Kristus.

Fra det øjeblik, hvor jeg tog imod Jesus Kristus og begyndte at læse Bibelen, gik jeg i gang med at bede inderligt om at forstå Guds hjerte. Efter syv år svarede Gud på mine utallige bønner og faster. Og da jeg åbnede den første kirke, forklarede han mig mange vanskelige tekststykker i Bibelen gennem Helligåndens inspiration. En lille del af dette omhandler detaljeret "Ånd, Sjæl og Krop." Dette er den mystiske historie, som lader os forstå menneskets oprindelse og dermed forstå os selv. Det er en redegørelse, som jeg ikke har hørt nogen andre steder, og det er derfor en ubeskrivelig glæde for mig at præsentere den her.

Når jeg har udbredt budskabet om ånd, sjæl og krop, har der været mange reaktioner og vidnesbyrd fra både Korea og udlandet. Mange har sagt, at de har realiseret sig selv, forstået hvilket slags væsen, de er, og fået svar på mange af de vanskelige tekststykker i Bibelen, ligesom de har fået forståelse for, hvordan man opnår det sande liv. Nogle af disse mennesker siger, at de nu har fået det mål at blive åndelige mennesker og at deltage i Guds guddommelige natur. De stræber efter at opnå det, som beskrives i Andet Petersbrev 1:4, hvor der står: *"Dermed har han også skænket os sine store, dyrebare løfter, så I ved dem kan slippe fri af forkrænkeligheden i denne verden med dens begær og få del i guddommelig natur."*

I Sun Tzus *Krigskunsten* står der, at hvis man kender sig selv og sin fjende, kan man aldrig tabe slaget. Budskabet i "Ånd, sjæl og krop" kaster lys på de dybereliggende dele af vores "selv", og lærer os om menneskets oprindelse. Når først vi forstår dette budskab, vil vi også være i stand til at forstå ethvert andet menneske. Vi vil også lære, hvordan vi kan bekæmpe mørkets kræfter, som indtil nu har påvirket os, sådan at vi kan leve vores kristne liv i sejr.

Jeg vil gerne takke Geumsun Vin, direktør for redaktionsbureauet, og de medarbejdere, som har dedikeret sig udgivelsen af denne bog. Jeg håber, læserne vil have medgang i alt og få godt helbred, ligesom deres sjæl vil trives, og at de vil få del i den guddommelige natur.

Juni 2009

Jaerock Lee

Begyndelsen til rejsen om ånd, sjæl og krop

"Fredens Gud hellige jer helt og holdent
og bevare fuldt ud jeres ånd og sjæl og legeme lydefrit
ved vor Herre Jesu Kristi komme!"
(Første Thessalonikerbrev 5:23)

Teologer har længe diskuteret menneskets elementer, den dikotomiske (tvedelte) teori og den trikotomiske (tredelte) teori. Den dikotomiske teori siger, at mennesket består af to dele: Ånd og krop, mens den trikotomiske teori siger, at der er tre dele: Ånd, sjæl og krop. Denne bog er baseret på den trikotomiske teori.

Normalt kan viden opdeles i viden om Gud eller viden om mennesket. Det er vigtigt for os at opnå viden om Gud, mens vi lever vores liv på denne jord. Vi kan få en succesfuld tilværelse og opnå det evige liv, når vi forstå Guds hjerte og følger hans vilje.

Mennesket blev skabt i Guds billede, og uden Gud ville vi ikke kunne leve. Vi ville heller ikke kunne forstå vores oprindelse. Vi kan først få svar på spørgsmålet om menneskets oprindelse, når vi ved, hvem Gud er.

Ånden, sjælen og kroppen hører til et område, som vi ikke kan forstå alene med menneskelig viden, visdom og kraft. Det er et område, som vi kun kan komme til at kende gennem Gud, som forstår menneskets oprindelse. Det kan sammenlignes med at et menneske, som bygger en computer, vil have den professionelle viden om computerens struktur og principper, og være i stand til at løse problemer, der er relateret til dens funktion. Denne bog er fuld af åndelig viden om den fjerde dimension, som giver os klare svar på spørgsmål om ånd, sjæl og krop.

Her følger en liste om de forskellige ting, som læseren kan lære gennem denne bog:

1. Gennem en åndelig forståelse af ånd, sjæl og krop, som er menneskets komponenter, kan læserne få indblik i deres "selv" og opnå indsigt i selve livet.

2. De kan opnå fuld indsigt i, hvem de virkelig er, og hvilket "selv", de har dannet sig. Denne bog viser læserne, hvordan de kan realisere sig ligesom apostelen Paulus, der skrev i Første Korintherbrev 15:31: *"Hver dag dør jeg."* Dermed kan de opnå *hellighed og blive åndelig mennesker, sådan som Gud vil.*

3. Vi kan undgå at blive fanget af den fjendtlige djævel og Satan, og vi kan få kraft til at overvinde mørket, når vi forstår os selv. Som Jesus sagde: *"Loven kalder dem guder, som Guds ord er kommet til – og Skriften kan ikke rokkes"* (Johannesevangeliet 10:35). Denne bog viser læserne genvejen til at deltage i den guddommelige natur og få alle de velsignelser, som Gud har lovet.

Forord

Begyndelsen til rejsen om ånd, sjæl og krop

Første del: Kødets dannelse

Kapitel 1: Begrebet "kød"   2
Kapitel 2: Skabelsen   12
1. Den mystiske opdeling af rummet
2. Det fysiske og det åndelige rum
3. Mennesker med ånd, sjæl og krop

Kapitel 3: Mennesket i det fysiske rum   34
1. Livets sæd
2. Hvordan mennesket begynder at eksistere
3. Samvittighed
4. Kødets gerning
5. Kultivering

Anden del: Sjælens dannelse
            (Sjælens virke i det fysiske rum)

Kapitel 1: Sjælens dannelse   80
1. Definitionen af sjæl
2. Sjælens virke i det fysiske rum
3. Mørke

Kapitel 2: Selvet   120
Kapitel 3: Kødets ting   136
Kapitel 4: Hinsides niveauet for den levende ånd   154

Tredje del: Genoprettelse af ånden

Kapitel 1:   Ånd og fuldkommen ånd   168
Kapitel 2:   Guds oprindelige plan   192
Kapitel 3:   Sande mennesker   200
Kapitel 4:   Det åndelige rige   216

Ånd, Sjæl og Krop II
INDHOLDSFORTEGNELSE

Første del: Det udstrakte rum i det åndelige rige

Kapitel 1:   Mørke og lys
Kapitel 2:   Kvalifikationer til at komme ind i lyset

Anden del: Ånd, sjæl og krop i det åndelige rum

Kapitel 1:   Forskellige boliger
Kapitel 2:   Ånd, sjæl og krop i det åndelige rum

Tredje del: Overskridelse af de menneskelige begræsninger

Kapitel 1:   Guds rum
Kapitel 2:   Guds billede

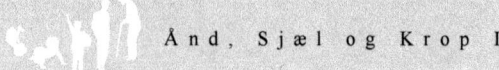

Ånd, Sjæl og Krop I

Første del:

Kødets dannelse

Hvad er menneskets oprindelse?
Hvor er vi kommet fra og hvor skal vi hen?

Det var dig, der dannede mine nyrer,
du flettede mig sammen i min mors liv.
Jeg takker dig, fordi jeg er underfuldt skabt,
underfulde er dine gerninger,
jeg ved det fuldt ud!
Mine knogler var ikke skjult for dig,
da jeg blev formet i det skjulte,
blev vævet i jordens dyb.
Da jeg endnu var et forster, havde du mig for øje;
alle dagene stod skrevet i din bog,
de var formet,
før en eneste af dem var kommet.
- Salmernes Bog 139:13-16

Kapitel 1
Begrebet "kød"

Menneskets krop vender tilbage til støvet efterhånden som tiden går.
Alt det, som mennesket spiser, og alt det vi ser,
hører og nyder, alt vi laver – alt dette er eksempler på "kød."

Hvad er kød?

Mennesket er uværdigt, uden værdi, hvis det bliver i kødet

Alt i universet har forskellige dimensioner

De højere dimensioner underlægger sig de lavere og udøver kontrol over dem

Gennem menneskehedens historie har folk altid søgt svar på spørgsmålet: "Hvad er menneske?" Svaret vil også give os svar på andre spørgsmål såsom: "Hvad er formålet med vores liv?" og "Hvordan bør vi leve vores liv?" Indenfor filosofi og religion er der lavet mange studier og undersøgelser, og der er blevet foretaget mange overvejelser om menneskets eksistens, men det har ikke været muligt at finde et klart og præcist svar.

Ikke desto mindre har folk gentagne gange forsøgt at finde svar på spørgsmål som: "Hvilken slags væsen er mennesket?" og "Hvem er jeg?" Disse spørgsmål stilles, fordi svaret kan være nøglen til at løse fundamentale problemer i menneskets eksistens. Alverdens studier vil dog ikke være i stand til at give et klart svar på sådanne spørgsmål, men det kan Gud. Han skabte universet og alt i det, og han skabte menneskets. Guds svar er det rigtige svar. Vi kan finde nøglen til disse spørgsmål i Bibelen, som er Guds ord.

Teoretikere opdeler ofte menneskets komponenter i to kategorier, dets "ånd" og dets "krop." Alle de mentale aspekter betegnes som "ånd" og de synlige, fysiske dele kaldes for "krop." Men i Bibelen beskrives menneskets komposition som tredelt:

3

Ånd, sjæl og krop.

I Første Thessalonikerbrev 5:23 står der: *"Fredens Gud hellige jer helt og holdent og bevare fuldt ud jeres ånd og sjæl og legeme lydefri ved vor Herre Jesu Kristi komme."* Ånd og sjæl er ikke det samme. Det er ikke kun forskellige navne – de er væsensforskellige. For at forstå hvad "mennesket" er, må vi lære, hvad krop, sjæl og ånd er.

Hvad er kød?

Lad os først se på ordbogens definition af ordet "kød." Den engelske ordbog Merriam-Webster definerer kød som: "De bløde dele af et dyrs krop, særlig et hvirveldyr. Der er især tale om de dele, som udgør skelettets muskler til forskel fra de indre organer, knogler, hud og hinder." Ordet kan også henvise til de spiselige dele af et dyr. Men hvis vi vil forstå, hvad "kød" henviser til i bibelsk forstand, må vi undersøge den åndelige betydning i stedet for ordbogens forklaring.

Bibelen bruger ofte ordene "krop" og "kød." I de fleste tilfælde har de en åndelig betydning. Rent åndeligt er "kød" et generelt udtryk, som henviser til de ting, der vil ødelægges, forandres og forsvinde med tiden. Det er også de ting, som er smudsede og urene. Træer, som har grønne blade, vil en dag tørre ud og dø, og deres stamme og grene vil blive til brænde. Både planter og alle andre ting i naturen vil forfalde og forsvinde med tiden. Så de er alle sammen kød.

Så hvad med mennesket, som er alle skabningers herre? I dag er vi omkring 7 milliarder mennesker i verden. I ethvert øjeblik bliver der født en baby et eller andet sted på jorden, og et andet sted er der mennesker, der dør. Når de dør, bliver deres kroppe til en håndfuld støv, for de er også kød. Den mad, man spiser; de sprog, der bliver talt; de alfabeter, som bruges til at nedfælde tanker, og hele den videnskabelige og teknologiske udvikling, som vi forestiller os, vi har brug for; det er alt sammen kød. Det er ting som forandres, forgår og dør ud med tiden. Så alt det, vi kan se i denne verden, og alt i universet, som vi kender, er "kød."

Mennesker, som er gået bort fra Gud, er kødelige væsener. Og alt, hvad de foretager sig, er "kød." Hvad udvikler de kødelige mennesker, og hvad søger de? De søger kødets lyst, øjnenes lyst, og livets pralende stolthed. Selv de civilisationer, som mennesket har udviklet, er indrettet på at tilfredsstille menneskets fem sanser. De er anlagt på overfladiske fornøjelser og opfyldelse af kødelige lyster. Med tiden søger folk mere og mere sensuelle og provokerende ting. Jo mere civilisationen udvikles, jo mere lystfulde og fordærvede bliver folk.

Der finde både synligt og usynligt "kød." Bibelen siger at had, skænderi, misundelse, mord, utroskab og alle de egenskaber, som forbindes med synd, er kød. Blomsternes duft og vinden eksisterer, selv om de er usynlige. På samme måde er der også usynlige egenskaber i menneskets hjerte. Alle disse egenskaber er "kød." Så "kød" er altså et omfattende udtryk, som beskriver alle de ting i universet, der vil forandres og forgå med tiden, og alle usandheden såsom synd, ondskab, uretfærdighed og lovløshed.

I Romerbrevet 8:8 står der: "De, som er i kødet, kan ikke være Gud til behag." Hvis "kødet" i dette vers ganske simpelt henviste til menneskets fysiske krop, ville det betyde, at det slet ikke var muligt for noget menneske at være Gud til behag. Så det må nødvendigvis have en anden betydning.

Som Jesus sagde i Johannesevangeliet 3:6: *"Det, der er født af kødet, er kød, og det, der er født af Ånden, er ånd."* Og i Johannesevangeliet 6:63 står der: *"Det er Ånden, som gør levende, kødet gør ingen gavn. De ord, jeg har talt til jer, er ånd og liv."* "Kødet" henviser altså til de ting, som forandres og går til, og det er derfor, Jesus siger, at det ikke gør nogen gavn.

Mennesket er uværdigt, uden værdi, hvis det bliver i kødet

Til forskel fra dyrene søger mennesket værdier baseret på deres følelser og tanker. Men hvis de ikke er evige, så er de i kødet. De ting, som mennesket anser for værdifulde, såsom velstand, berømmelse og viden, er alle sammen meningsløse og vil snart forsvinde. Hvad med den følelse, der kaldes "kærlighed"? Når to mennesker begynder at komme sammen, vil de måske sige, at de slet ikke kan leve uden hinanden. Men mange par skifter mening, efter at de er blevet gift. De bliver let vrede, frustrerede og endda voldelige, hvis der er noget, de ikke bryder sig om. Alle disse ændringer i deres følelser er også "kød." Når mennesker er i kødet, er de stort set ikke anderledes end dyr eller planter. I Guds øjne vil alt, som kun er kød, forgå og forsvinde.

I Første Petersbrev står der: *"Alle mennesker er som græs, al deres herlighed er som markens blomster. Græsset tørrer ind, blomsterne falder."* Og i Jakobsbrevet 4:14 står der: *"I som ikke aner, hvordan jeres liv er i morgen; I er jo kun en tåge, som ses en kort tid og så svinder bort."* Både kroppen og alle menneskets tanker er meningsløse, for de er kommet bort fra Guds ord, som er ånd. Kong Salomon levede i al den ære og herlighed, som et menneske kan få på denne jord, men han indså kødets meningsløshed og sagde: *"Endeløs tomhed, [...] endeløs tomhed, alt er tomhed. Hvad udbytte har et menneske af alt, hvad det slider med under solen?"* (Prædikerens Bog 1:2-3)

Alt i universet har forskellige dimensioner

En dimension i fysik eller matematik er bestemt af en af tre koordinater, som fastsætter positionen i rummet. Et punkt på en linje har en koordinat, og det er endimensionalt. Et punkt på et plan har to koordinater, og det er todimensionalt. På samme måde har et punkt i rummet tre koordinater, og det er tredimensionalt.

Det rum, vi lever i, er en tredimensional verden i fysisk forstand. Med en dybere forståelse af fysikken anser man tiden for den fjerde dimension. Dette er den almindelige videnskabelige forståelse af dimensioner.

Men med udgangspunkt i ånd, sjæl og krop kan

dimensionerne generelt opdeles i de fysiske og de åndelige. De fysiske dimensioner kan igen opdeles fra "ikke-dimensionelle" til "tredimensionelle." Det ikke-dimensionelle henviser til ting, som ikke har noget liv. Sten, jord, vand og metal tilhører denne kategori. Alle de levende ting tilhører den første, anden eller tredje dimension.

Den første dimension henviser til ting, som har liv og ånder, men ikke kan bevæge sig, dvs. ikke har nogen funktionel mobilitet. Denne dimension inkluderer blomster, græs, træer og andre planter. De har en krop, men hverken sjæl eller ånd.

Den anden dimension inkluderer levende ting som trækker vejret, bevæger sig og har både en krop og en sjæl. Der er tale om dyr såsom løver, køer og får; fugle, fisk og insekter. Hunde kan genkende deres herre og gø af fremmede, fordi de har sjæl.

Den tredje dimension inkluderer ting, som trækker vejret, bevæger sig rundt og har både sjæl, ånd og en synlig krop. Dette henviser til mennesker, som er herrer over al skaberværket. Til forskel fra dyr har mennesker en ånd. De kan tænke og søge Gud, og de kan tro på Gud.

Der er også en fjerde dimension, som er usynlig for os. Det er den åndelige dimension. Gud, som er ånd, den himmelske skare, englene og keruberne tilhører alle denne åndelige dimension.

De højere dimensioner underlægger sig de lavere og udøver kontrol over dem

Væsener i den anden dimension kan underlægge sig væsener fra den første dimension og udøve kontrol over dem. Tredje dimensions væsener kan underlægge sig væsener fra anden og første dimension og udøve kontrol over dem. Væsener fra de lavere dimensioner er ikke i stand til at forstå højere dimensioner end deres egen. Livsformer fra første dimension kan ikke forstå anden dimension, og livsformer fra anden dimension kan ikke forstå tredje dimension. Lad os for eksempel forestille os, at et menneske sår et frø i jorden. Han vander det og passer det på alle måder. Frøet spirer, vokser op og bliver et træ, som bærer frugt. Men det forstår ikke, at det er blevet plantet af mennesket. Og hvis en orm bliver trådt på af et menneske og dør, forstår den ikke, hvad der er sket med den. De højere dimensioner kan underlægge sig de lavere og udøve kontrol over dem, men generelt har de lavere dimensioner ikke andre muligheder end at lade sig styre af de højere.

På samme måde kan mennesker, som er i den tredje dimension, ikke forstå det spirituelle rige, som er i den fjerde dimension. Så kødelige mennesker kan faktisk ikke gøre noget ved det, når de bliver underlagt og kontrolleret af dæmoner. Men hvis vi skiller os af med kødet og bliver åndelige mennesker, kan vi komme ind i den fjerde dimension. Så kan vi underlægge os de onde ånder og overvinde dem.

9

Gud, som er ånd, vil at hans børn skal forstå den firedimensionelle verden. På denne måde vil de kunne forstå Guds vilje, adlyde den og opnå liv. I Første Mosebog kapitel 1 underlagde Adam sig alle ting og herskede over dem, før han spiste af kundskabens træ. Dengang var han en levende ånd og han tilhørte den fjerde dimension. Men efter at han syndede, døde hans ånd. Og ikke kun Adam selv, men også alle hans efterkommere kom til at tilhøre den tredje dimension. Lad os nu se på, hvordan mennesket, som blev skabt af Gud, faldt ned i den tredje dimension, og hvordan vi kan komme tilbage til den firedimensionelle verden!

Kapitel 2
Skabelsen

Gud Skaberen lavede en forbløffende plan for den menneskelige kultivering.
Han opdelte rummet i en fysisk og en åndelig del,
og han skabte himlene og jorden og alle ting i dem.

1. Den mystiske opdeling af rummet

2. Det fysiske og det åndelige rum

3. Mennesker med ånd, sjæl og krop

Før tidens begyndelse var Gud alene i universet. Han eksisterede som lys, og regerede over alt, mens han bevægede sig gennem universets udstrakte rum. I Første Johannesbrev 1:5 står der, at Gud er lys. Det henviser primært til det åndelige lys, men også til at Gud eksisterede som lys i begyndelsen. Ingen gav Gud liv. Han er det fuldkomne væsen, som eksisterer ved sig selv. Så vi bør ikke forsøge at forstå ham med vores begrænsede kraft og viden. Johannesevangeliet 1:1 indeholder hemmeligheden om "begyndelsen." Der står: *"I begyndelsen var Ordet."* Dette er en forklaring, som vedrører Guds form, dels i Ordet, og dels i det mystiske og smukke lys. Han regerede over alle rum i universet.

"Begyndelsen" henviser her til et tidspunkt før evigheden, et tidspunkt som mennesket ikke kan forestille sig. Det er endnu før "begyndelsen" i Første Mosebog 1:1, som er skabelsens start. Så hvilke ting skete der før verdens skabelse?

1. Den mystiske opdeling af rummet

Det åndelige rige er ikke langt væk. Der er porte, som forbinder det åndelige rige med forskellige dele af den synlige himmel.

Da der var gået et langt stykke tid, begyndte Gud at ønske sig nogen at dele sin kærlighed og alle de andre ting med. Gud er både guddommelig og menneskelig, og derfor ønskede han at dele alting med nogen, i stedet for kun at have dem for sig selv. Med dette formål planlagde han den menneskelige kultivering.

Det var en plan om at skabe mennesker, velsigne dem til at vokse i antal og mangfoldiggøre sig, opnå utallige sjæle, som lignede Gud, og samle dem alle i himmeriget. Det kan sammenlignes med at bonden dyrker korn, høster det og lægger høsten i laden.

Gud vidste, at der skulle være et åndeligt rum, hvor han kunne have bolig, og et fysisk rum, hvor den menneskelige kultivering kunne gennemføres. Han opdelte det udstrakte univers i en åndelig og en fysisk sfære. Og fra da af begyndte Gud at eksistere som Gud treenigheden, som er Gud Fader, Gud Søn og Gud Helligånden. Det skyldtes at Frelseren Jesus og Hjælperen Helligånden var nødvendige for at den menneskelige kultivering kunne gennemføres.

I Johannesåbenbaringen 22:13 står der: *"Jeg er Alfa og Omega, den første og den sidste, begyndelsen og enden."* Dette er en beskrivelse af Gud Treenighed. "Alfa og Omega" henviser til Gud Fader, som er begyndelsen og enden på al menneskelig viden og civilisation. "Den første og den sidste" henviser til Sønnen Jesus, som er begyndelsen og enden på menneskets frelse. Og "Begyndelsen og enden" henviser til Helligånden, som er begyndelsen og enden på den menneskelige kultivering.

Sønnen Jesus udfører pligten som Frelser. Helligånden vidner om Frelseren og er derfor vores Hjælper, der fuldender menneskets frelse. Bibelen fortæller om Helligånden på forskellige måder og sammenligner ham med en due eller med ild, og der henvises også til ham som "ånden fra Guds søn." I Galaterbrevet 4:6 står der: *"Fordi I er børn, har Gud sendt sin søns ånd i vore hjerter, og den råber: Abba, fader!"* I Johannesevangeliet 15:26 står der desuden: *"Når Talsmanden kommer, som jeg vil sende til jer fra Faderen, sandhedens ånd, som udgår fra Faderen, skal han vidne om mig."*

Gud Fader, Søn og Helligånden tog hver deres form for at gennemføre forsynet for den menneskelige kultivering, og de lagde planer sammen. Det beskrives i optegnelserne om skabelsen i Første Mosebog kapitel 1.

Her står der i 1:26: "Gud sagde: Lad os skabe mennesker i vort billede, så de ligner os!" Det betyder ikke alene at mennesket er skabt med en ydre lighed af Gud Fader, Sønnen og Helligånden, men også at den ånd, som er menneskets grundlag, er blevet givet af Gud, og at den har lighed med den hellige Gud.

Det fysiske og det åndelige rige

Da Gud eksisterede alene, havde han ikke behov for at skelne mellem det fysiske og det åndelige rige. Men med henblik på den menneskelige kultivering var der behov for et fysisk rum, hvor menneskene kunne leve. Derfor adskilte han det fysiske rige fra det åndelige.

Men denne adskillelse betyder ikke, at der er tale om to fuldkommen adskilte rum, ligesom når vi skærer noget over på midten. Lad os i stedet forestille os, at der er to gasarter i et værelse. Vi tilsætter den ene gas et særligt farvestof, sådan at den er rød, og dermed kan vi skelne den fra den anden. Selv om der er to gasarter i værelse, kan vi kun se den, som er rød. Men vi ved, at der er to former for gas, selv om den anden er usynlig.

På samme måde har Gud opdelt det udstrakte rum i en synlig fysisk verden og en usynlig åndelig verden. Disse verdner blander sig naturligvis ikke på samme måde som gasarterne i det ovenstående eksempel. De har hver deres fremtræden, men overlapper hinanden. Og selv der, hvor de overlapper hinanden, er de alligevel adskilt.

Som bevis på at det fysiske og det åndelige rige eksisterer adskilt på mystisk vis, har Gud lavet porte til det åndelige rige på forskellige steder i universet. Det åndelige rige er ikke langt væk. Der er eksempelvis mange porte i den synlige himmel. Hvis Gud åbnede vores spirituelle øjne, ville vi i nogle tilfælde være i stand til at se det åndelige rige gennem disse porte.

Da Stefanus var fuld af ånd og så Jesus stå ved Guds højre side, var hans spirituelle øjne åbne, og han så gennem en port til det åndelige rige (Apostlenes Gerninger 7:55-56). Elias blev taget op til himlen i levende live. Den genopstandne Herre Jesus steg op til himlen. Moses og Elias viste sig på Forvandlingsbjerget. Vi kan kun forstå disse hændelser som fakta, hvis vi anerkender, at der er porte til det åndelige rige.

Universet er umådelig stort og har en uendelig volumen. Den del, som er synlig fra jorden (det observerbare univers) er en sfære med en radius på omkring 46 milliarder lysår[1]. Hvis det åndelige rige lå ved enden af det fysiske univers, så ville det tage uendelig lang tid at komme nå frem til det, selv med det hurtigste rumskib. Og englene ville være nødt til at tilbagelægge uendelige afstande for at rejse mellem de to verdner. Men da der findes disse porte, som kan åbnes og lukkes, kan man rejse mellem det åndelige og det fysiske rige lige så let som at gå gennem en dør.

Gud skabte fire himle

Efter at Gud opdelte universet i det åndelige og det fysiske rige, dannede han også forskellige himle på baggrund af forskellige behov. Bibelen nævner, at der ikke kun er én himmel, men mange. Rent faktisk fortæller den os, at der er mange andre

---

[1]Lineweaver, Charles; Tamara M. Davis (2005). "Misconceptions about the Big Bang" [Misforståelser om Big Bang]. Scientific American. Retrieved 2007-03-05.

17

himle end den, vi kan se med vores fysiske øjne.

I Femte Mosebog 10:14 står der: *"Himlen og himlenes himmel og jorden med alt, hvad der er på den, tilhører Herren din Gud."* I Salmernes Bog 68:33-34 står der: *"Lovsyng Herren, Sela, som rider hen over ældgamle himle. Hør, han løfter sin røst, en vældig røst."* Og i Første Kongebog 8:27 siger kong Salomon: *"Bor Gud da på jorden? Nej, himlen og himlenes himmel kan ikke rumme dig; hvor meget mindre da dette hus, som jeg har bygget!"*

Gud brugte ordet "himmel" til at udtrykke det åndelige rige, sådan at vi lettere kan forstå disse rum. "Himlene" inddeles generelt i fire himle. Hele det fysiske rum inklusiv vores jord, solsystemet, galaksen og hele universet betegnes som den første himmel.

Derefter er der tale om åndelige rum. Edens have og stedet for de onde ånder er placeret i den anden himmel. Da Gud havde skabt mennesket, skabte han også Edens have, som er et lyst område i den anden himlen. Gud bragte mennesket til haven og lod ham underlægge sig alt og herske over det (Første Mosebog 2:15).

Guds trone står i den tredje himmel. Det er himmeriget, hvor Guds børn, som opnår frelse gennem den menneskelige kultivering, skal bo.

Den fjerde himmel er det oprindelige rum, hvor Gud eksisterede alene som lys, før han opdelte rummet. Der er tale om et mystisk sted, hvor alt, som Gud har på sinde, bliver gennemført. Dette sted er ikke underlagt begrænsninger i form af tid og rum.

2. Det fysiske og det åndelige rum

Hvad er årsagen til, at så mange bibellærde har forsøgt at finde Edens Have uden held? Det skyldes, at Edens Have ligger i den anden himmel, i det åndelige rige.

Gud har opdelt rummet i en fysisk og en åndelig del. Han lavede himmeriget i den tredje himmel til de børn, som han får gennem den menneskelige kultivering, og han placerede jorden i den første himmel, for at kultiveringen kunne finde sted der.

Første Mosebog kapitel 1 beskriver kort den seks dage lange skabelsesprocess. Gud lavede ikke en fuldendt Jord lige fra begyndelsen. Han lagde fundamentet i form af jord, og derefter skabte han himlen med mange meteorologiske fænomener. Gud brugte mange anstrengelser og megen tid, og han tog endda til tider ned til Jorden for at se, hvordan alting gik. For Jorden var det sted, som hans elskede børn skulle komme fra.

Fostre vokser i fostervandet i livmoderen. På samme måde blev hele Jorden dækket af vand, efter at den var blevet dannet og fundamentet var blevet lagt, og dette vand var livets vand, som kom fra den tredje himmel. Jorden var nu endelig klar til at være grundlaget for alle levende ting, idet den var blevet dækket med livets vand. Og så begyndte Gud skabelsesværket.

19

Det fysiske rum, grundlaget for den menneskelige kultivering

Da Gud sagde: "Lad der blive lys" på skabelsens første dag, kom det åndelige lys ud fra Guds trone og dækkede Jorden. Med dette lys blev Guds evige kraft og guddommelighed indlejret i alle ting, og alting blev underlagt naturlovene (Romerbrevet 1:20). Gud skilte lyset fra mørket, og han kaldte lyset for "dag" og mørket for "nat." Han lavede den lov, at der skulle være dag og nat, og at tiden skulle gå, endnu før han skabte solen og månen.

På den anden dag skabte Gud hvælvingen i vandene og lod den skille vandet, der dækkede jorden, sådan at noget var under hvælvingen og noget var over. Gud kaldte denne hvælving for himlen, og der er tale om den himmel, som er synlig for os. Nu var der skabt et basismiljø, som var beregnet til alle de levende ting. Luften blev skabt for at de levende væsener kunne trække vejret, og skyerne og himlen blev skabt med henblik på at de meteorologiske fænomener kunne finde sted.

Vandet under hvælvingen var det vand, som blev tilbage på Jordens overflade. Dette vand dannede senere søer, floder og have (Første Mosebog 1:9-10).

Vandet over himmelhvælvingen blev reserveret til Eden i den anden himmel. På den tredje dag fik Gud vandet under hvælvingen til at samle sig på bestemte steder og delte dermed havet fra landjorden. Han skabte også græsset og planterne.

Den fjerde dag skabte Gud solen, månen og stjernerne, og lod dem herske over dagen og natten. På den femte dag skabte han fiskene og fuglene. Og endelig skabte han alle dyrene og mennesket på sjette dag.

Det usynlige åndelige rum

Edens have ligger i det åndelige rige i den Anden Himmel, men den er anderledes end det åndelige rige i den Tredje Himmel. Lidt forenklet sagt er der tale om en slags mellemstadie mellem kød og ånd. Efter at Gud havde skabt mennesket som en levende ånd, lagde han Edens have mod øst, og bragte mennesket dertil (Første Mosebog 2:8).

"Øst" henviser her ikke til en geografisk retning. Det har den særlige betydning, at der er tale om et område, der er omgivet af lys. Mange biblelærde mener den dag i dag, at Edens have må have ligget mellem floderne Eufrat og Tigris, men selv om der bliver foretaget megen efterforskning og mange arkæologiske undersøgelser, har det ikke været muligt at finde spor af den. Det skyldes, at denne have, hvor den levende ånd Adam engang levede, ligger i den Anden Himmel, som befinder sig i det åndelige rige.

Edens have er et område, der er så stort, at vi slet ikke kan forestille os det. De børn, som Adam fik, før han syndede, lever der stadig, og der fødes stadig flere børn. Edens have har ikke nogen rumlige begrænsninger, så den vil ikke blive overfyldt med tiden.

Men i Første Mosebog 3:24 kan vi læse, at Gud satte keruber og flammesværd til at vogte indgangen øst for Edens have. Det skyldes, at der øst for haven ligger et område med mørke. De onde ånder forsøger altid at komme ind i haven af forskellige årsagen. I starten ville de ind for at friste Adam, og desuden ville de have frugten fra livets træ. De ville opnå det evige liv ved at spise frugten, sådan at de kunne rejse sig mod Gud. Adam havde den pligt at beskytte Edens have fra mørkets kræfter, men da han blev narret af Satan til at spise af kundskabens træ, og blev uddrevet til denne jord, måtte keruberne og flammesværdet overtage denne opgave.

Vi kan udlede, at det område af lys, hvor Edens have ligger, og området med mørke må eksisterer side om side i den Anden Himmel. I området af lys ligger desuden det sted, hvor de troende vil holde den 7 år lange bryllupsfest med Herren efter hans genkomst. Dette sted er langt smukkere end Edens have. Alle de mennesker, som er blevet frelst siden verdens skabelse vil deltage, så man kan forestille sig, hvor stort et område, der må være tale om.

Der er også en Tredje og en Fjerde Himmel i det åndelige rige, og der vil blive givet en mere detaljeret forklaring om disse steder i anden del af *Ånd, Sjæl og Krop*. Gud adskilte det fysiske og det åndelige rum og inddelte dem i forskellige områder af hensyn til mennesket. Det var en del af forsynet for den menneskelige kultivering, som har til formål at give Gud sande børn. Så hvad er et menneske, og hvad består det af?

3. Mennesker med ånd, sjæl og krop

Menneskehedens historie er optegnet i Bibelen. Den
begyndte, da Adam blev uddrevet fra Edens have til denne
jord på grund af sin synd. Den tid, hvor Adam levede i Edens
have, er ikke en del af menneskehedens historie.

1) Adam, en levende ånd

Begyndelsen til at forstå menneskets grundlag er at forstå
det første menneske, Adam. Gud skabte Adam som en levende
ånd med henblik på den menneskelige kultivering. I Første
Mosebog 2:7 forklares Adams skabelse: *"Så formede Gud
Herren mennesket af jord og blæste livsånde i hans næsebor,
så mennesket blev et levende væsen."*

Det materiale, som Gud brugte til at danne Adam, var jord.
Det skyldtes, at mennesket skulle gennemføre kultiveringen på
denne jord (Første Mosebog 3:23).

Desuden er det sådan, at jord er et materiale, som ændrer
karakter, alt efter hvilke andre elementer, det tilsættes.

Gud dannede ikke bare menneskets form af jorden, men også
de indre organer, knoglerne, blodårerne og nerverne. En dygtig
pottemager kan lave et smukts stykke keramik med en håndfuld
ler. Og Gud skabte mennesket i sit eget billede, så det første
menneske må have været meget smukt!

Adam havde en ren, mælkehvid hud. Han var kraftigt bygget

23

og hans krop var perfekt fra top til tå. Hans organer og alle celler i hans krop fungerede uden fejl. Han var smuk. Da Gud blæste livsånden ind i Adam, blev han et levende væsen, dvs. en levende ånd. Det kan sammenlignes med at en lyspære først kan skinne, når den tilsluttes elektricitet. Adams hjerte begyndte at slå, blodet cirkulerede, og alle organer og celler begyndte at fungere, da han havde fået livsånden fra Gud. Hans hjerne begyndte at fungere, hans øjne så, hans ører hørte, og han begyndte at kontrollere sin krops bevægelser, da han havde modtaget liveånden.

Livsånden er juvelen af Guds kraft. Den kan også kaldes Guds energi. Den er grundlæggende set kraften til at fortsætte livet. Da Gud blæste livsånden ind i Adam, fik Adam en ånd, som lignede hans krop. Adams fysiske krop havde en form, og ånden fik en form, som lignede den fysiske krop fuldkommen. I anden del af denne bog vil åndens form blive forklaret i nærmere detaljer. Adam var nu en levende ånd, og hans krop bestod af en uforgængelig krop af knogler og kød. Denne krop indeholdt en ånd, som kommunikerede med Gud, og en sjæl, som assisterede ånden. Sjælen og kroppen adlød ånden, og Adam overholdt dermed Guds ord og kommunikerede med Gud, som er ånd.

Da Adam blev skabt, havde han en fuldvoksen krop, men han havde ingen viden overhovedet. Ligesom en baby må forme sin karakter og lære at spille en produktiv rolle i samfundet gennem uddannelse, måtte også Adam lære en masse ting. Så

Gud underviste Adam med viden om sandheden og ånden. Han lærte ham at leve i harmoni med alt i universet, underviste ham i lovene i det åndelige rige og sandheden ord, og gav ham ubegrænset viden om Gud. Dermed kunne Adam underlægge sig jorden og herske over den.

Levede i Eden i en uberegnelig tidsperiode

Adam, den levende ånd, herskede over Edens have og Jorden, idet han var herre over alle skabninger, og havde åndelig viden og visdom. Gud tænkte, at det ikke var godt for ham at være alene, så han skabte kvinden Eva ud af et af Adams ribben. Hun blev skabt som en hjælper, der svarede til Adam, og for at de skulle blive ét kød. Spørgsmålet er, hvor længe de levede i Edens have?

Bibelen angiver ikke nogen bestemt årerække, men de levede der i ubeskrivelig lang tid. Og så ser vi, at der står i Første Mosebog 3:16: "Til kvinden sagde han [Gud]: *"Jeg vil gøre dit svangerskab plagsomt og pinefuldt, i smerte skal du føde dine børn. Du skal begære din mand, og han skal herske over dig.""*

Som resultat af den synd, Eva begik, blev hun forbandet til at skulle føde sine børn i smerte. Med andre ord havde hun fået børn i Edens have før forbandelsen, men havde ikke følt nogen smerter ved fødslerne. Adam og Eva var levende ånder, som ikke blev ældre. Så de levede i lang, lang tid, hvor de formerede sig.

25

Mange mennesker tror, at Adam spiste af kundskabens træ hurtigt efter at han blev skabt. Nogle stille endda spørgsmålet: "Når menneskehedens historie i Bibelen kun er omkring 6000 år, hvordan kan det så være, at der findes fossiler, som er hundredtusindvis af år gamle?"

Menneskehedens historie begynder i Bibelen med at Adam blev uddrevet af Edens have til denne jord, da han havde syndet. Den tid, hvor han levede i Edens have, er ikke inkluderet. I denne periode gennemgik Jorden mange forandringer såsom jordskorpebevægelser og efterfølgende geografiske ændringer samt forskellige dyr og planters udbredelse og uddøen. Nogle af disse levende ting blev til fossiler. Derfor kan vi finde fossiler, som er mange millioner år gamle.

2) Adam syndede

Da Gud førte Adam ind i Edens have, lavede han ét forbud. Han sagde til Adam, at han ikke måtte spise af kundskabens træ. Men da der var gået lang tid, spiste Adam og Eva alligevel af træet. De blev uddrevet af Edens have til Jorden, og dette var udgangspunktet for den menneskelige kultivering.

Hvordan blev Adam forledt til at synde? Der var et væsen, som var ude efter den store autoritet, som Adam havde fået af Gud. Det var Lucifer, som var overhovedet for alle de onde ånder. Lucifer troede, at hun ville kunne rejse sig mod Gud og vinde over ham, hvis bare hun kunne overtage Adams autoritet. Så hun lagde en plan og brugte den snedige slange.

Som der står i Første Mosebog 3:1: *"Slangen var den snedigste af alle de vilde dyr, Gud Herren havde skabt."* Slangen var skabt af ler, men den var et meget snedigt dyr. Derfor var der større mulighed for, at den ville acceptere den lumske ondskab, end de andre dyr. Den blev opildnet af de onde ånder og blev et instrument til at friste mennesket.

Onde ånder frister altid mennesket

Adam havde på daværende tidspunkt autoritet til at herske over både Edens have og Jorden, så det var ikke let for slangen at friste Adam direkte. Derfor valgte den at friste Eva først. Den stillede lumske spørgsmål: *"Har Gud virkelig sagt, at I ikke må spise af træerne i haven?"* (Første Mosebog 3:1). Gud havde aldrig befalet Eva noget. Denne befaling var blevet givet til Adam. Men slangens spurgte, som om Gud havde sagt det direkte til Eva. Evas svar er også optegnet: "Kvindens svarede slangen: *"Vi må gerne spise af frugterne på træerne i haven, men frugten på det træ, der står midt i haven, har Gud sagt, at vi ikke må spise af og ikke røre ved, for ellers skal vi dø"'*
(Første Mosebog 3:2-3).

Gud havde sagt: *"...for den dag, du spiser af det, skal du dø!"* (Første Mosebog 2:17) Eva gentog dette, men uden den samme overbevisning. Det viser, at hun ikke havde fast tro på Guds ord. Da slangen så, at Eva ændrede Guds ord, begyndte

27

den at friste hende med større ihærdighed.

I Første Mosebog 3:4-5 står der: *"Men slange sagde til kvinden: "Vist skal I ikke dø! Men Gud ved, at den dag, I spiser af den, bliver jeres øjen åbnet, så I bliver som Gud og kan kende godt og ondt.""*

Da Satan havde opildnet slangen til at sætte begær i Evas sind, begyndte hun at se anderledes på kundskabens træ, for der står: *"Kvinden så, at træet var godt at spise af og tiltrækkende at se på, og at det også var godt at få indsigt af"* (vers 6).

Eva havde ikke nogen intention om at sætte sig op mod Guds ord, men da begæret var blevet undfanget, spiste hun til sidst af træet. Og hun gav til sin mand Adam, så han også kunne spise.

Adams og Evas undskyldninger

I Første Mosebog 3:11 spøger Gud Adam: *"Har du spist af det træ, som jeg forbød dig at spise af?"*

Gud vidste det allerede, men han ville have Adam til at anerkende sig fejl og angre. Ikke desto mindre svarede Adam: *"Kvinden, som du satte hos mig, gav mig af træet, og så spiste jeg"* (vers 12). Adam antydede dermed, at hvis Gud ikke havde givet ham kvinden, ville han heller ikke have syndet. I stedet for at anerkende, at han havde gjort noget forkert, forsøgte han at undslippe konsekvenserne. Det var naturligvis Eva, som havde givet Adam frugten, for at han kunne spise. Men Adam herskede over kvinden, så han burde have taget ansvaret for det, der var sket.

Så spurgte Gud kvinden i Første Mosebog 3:13: "Hvad er det, du har gjort?" Selv om Adam havde påtaget sig ansvaret, ville Eva også havde været nødt til at anerkende sin del. Men hun forsøgte at skyde skylden på slangen og sagde: "Slangen forledte mig til at spise." Og hvad skete der så med Adam og Eva, da de havde begået disse synder?

Adams ånd døde

I Første Mosebog 2:17 står der: *"Men træet til kundskab om godt og ondt må du ikke spise af, for den dag du spiser af det, skal du dø!"* Den "død", som Gud her omtaler, er ikke en fysisk død, men en åndelig. Det, at ånden dør, betyder ikke, at den forsvinder fuldkommen. Men det betyder, at kommunikationen med Gud bliver afbrudt og ikke længere fungerer. Ånden eksisterer stadig, men kan ikke længere få spirituel næring fra Gud. Og det er ligesom at være død.

Da Adam og Evas ånd døde, kunne Gud ikke længere lade dem være i Edens have, som lå i det åndelige rige. I Første Mosebog 3:22-23 står der: *"Og Gud Herren sagde: "Nu er mennesket blevet som en af os og kan kende godt og ondt. Bare det nu ikke rækker hånden ud og også tager af livets træ og spiser og lever evigt!" Så sendte Gud Herren dem ud af Edens have til at dyrke agerjorden, som de var taget af."* Gud sagde: "Mennesket er blevet som en af os", men det

29

betyder ikke, at Adam var ligesom Gud. Det henviser til, at Adam tidligere kun havde kendt sandheden, men nu også havde lært usandheden at kende, ligesom Gud. Resultatet var at Adam, som før havde været en levende ånd, nu var vendt tilbage til kødet. Han måtte møde døden. Og han måtte vende tilbage til den jord, han var blevet skabt af. Kødelige mennesker kan ikke leve i det åndelige rum. Desuden ville Adam leve for evigt, hvis han spiste af livets træ. Så Gud kunne ikke længere lade ham leve i Edens have.

3) Tilbage til det fysiske rum

Da Adam havde været ulydig overfor Gud og spist af kundskabens træ, forandredes alt. Han blev uddrevet til Edens have til Jorden, et fysisk rum, hvor han måtte skaffe sin føde gennem møjsommeligt arbejde i sit ansigts sved. Alt var underlagt forbandelsen, og det gode miljø, som Gud havde lavet på skabelsestidspunktet, eksisterede ikke længere.

I Første Mosebog 3:17 står der: *"Til Adam sagde han [Gud]: "Fordi du lyttede til din kvinde og spiste af det træ, jeg forbød dig at spise af, skal agerjorden være forbandet for din skyld; med møje skal du skaffe dig føden alle dine dage.""*

Af dette vers kan vi se, at det ikke kun var Adam selv, som blev forbandet på grund af sin synd, men også hele denne jord; for det var hele den første himmel, som blev underlagt forbandelsen. Alt på Jorden havde været i smuk harmoni, men på grund af forbandelsen kom der nu bakterier og vira, og dyr og planter forandrede sig også.

I Første Mosebog 3:18 fortsætter Gud med at irettesætte Adam: *"Tjørn og tidsel skal jorden lade spire frem til dig."* Afgrøderne vokser dårligere, når der er torne og tidsler, så Adam var nødt til at arbejde hårdt for at leve af sin høst. Da jorden var forbandet, begyndte der at vokse unødvendige planter frem. Der kom skadelige insekter. Adam måtte nu fjerne alle disse skadelige ting for at kultivere jorden og gøre den til en god mark.

Behovet for at kultivere hjertet

Ligesom Adam måtte kultivere jorden, måtter der finde en lignende process sted i mennesket, som måtte gennemgå den menneskelige kultivering på denne jord. Før mennesket syndede, havde det et rent og skyldfrit hjerte, og havde kun åndelig viden. I Første Mosebog 3:23 står der: *"Så sendte Gud Herren dem ud af Edens have til at dyrke agerjorden, som de var taget af."* I dette vers sammenlignes Adam, som var skabt af jord, med den jord, han var blevet taget af. Det betyder, at ham måtte kultivere sit hjerte.

Før han syndede, havde han ikke behov for at kultivere hjertet, for han havde ikke nogen ondskab i sig.

Men efter hans ulydighed begyndte den fjendtlige djævel og Satan at kontrollere mennesket. De plantede flere og flere kødelige ting i menneskets hjerte. De plantede had, vrede, arrogance, utroskab osv. Alle disse ting begyndte at vokse op som torne og tidsler i hjertet. Menneskeheden blev stadig mere besudlet af kød.

At "dyrke den jord, vi er blevet taget af", betyder at vi må tage imod Jesus Kristus; vi må bruge Guds ord til at skille os af med det kød, som er blevet plantet i vores hjerter; og vi må genfinde den åndelige tilstand. Ellers har vi kun en "død ånd", og man kan ikke opnå det evige liv, hvis ånden er død. Mennesket kultiveres på denne jord for at gøre de kødelige hjerter til rene, åndelige hjerter. Samme slags hjerter som det, Adam havde før syndefaldet.

Det var en meget dramatisk forandring for Adam at blive uddrevet fra Edens have til at leve på denne jord. Selv om en prins fra et stort land pludselig blev bonde, ville han ikke opleve den samme smerte og forvirring. Eva måtte også bære sine børn med smerte.

Da de levede i Edens have, var der ikke nogen død. Men nu måtte de se døden i øjnene, idet de levede i en fysisk verden, hvor tingene gik til grunde og forsvandt. I Første Mosebog 3:19 står der: *"I dit ansigts sved skal du spise dit brød, indtil du vender tilbage til jorden, for af den er du taget. Ja, jord er du, og til jord skal du blive."* Som der står, måtte de nu dø.

Adams ånd, som kom fra Gud, kunne naturligvis ikke udslukkes fuldt ud. I Første Mosebog 2:7 står der: *"Da formede Gud Herren mennesket af jord og blæste livsånden i hans næsebor."* Denne livsånde har Guds evige karakter.

Men Adams ånd var ikke længere aktiv. Så sjælen overtog funktionen som menneskets hersker og fik også kontrol over kroppen. Fra da af blev Adam ældre og måtte til sidst møde døden, i overensstemmelse med reglerne i den fysiske verden. Han måtte vende tilbage til jorden.

Selv om Jorden var forbandet, var synden og ondskaben ikke så udbredte som i dag, så Adam levede i hele 930 år (Første Mosebog 5:5).

Men med tider er folk blevet mere og mere onde. Resultatet er at deres levetid er blevet kortere. Efter at Adam og Eva kom ned fra Edens have til denne jord, måtte de tilpasse sig det nye miljø. Frem for alt måtte de leve som kødelige mennesker, ikke som levende ånder. De blev trætte af deres arbejde, så de måtte hvile. De fik forskellige sygdomme. Deres fordøjelsessystem ændrede sig, fordi deres kost forandredes. De måtte tømme deres tarm, når de havde spist. Alt forandredes. Adams ulydighed var på ingen måde en lille ting. Den indførte synden hos hele menneskeheden. Både Adam og Eva og alle deres efterkommere på denne jord begyndte nu deres fysiske liv med død ånd.

Kapitel 3
Mennesket i det fysiske rum

Kødet er natur, som er forbundet med synd,
dermed er mennesket tilbøjeligt til at synde i det fysiske rum.
Men menneskets kerne, er livets sæd, som er givet af Gud,
og med denne sæd kan den menneskelige kultivering gennemføres.

1. Livets sæd

2. Hvordan mennesket begynder at eksistere

3. Samvittighed

4. Kødets gerning

5. Kultivering

Adam og Eva fik mange børn på denne jord. Selv om deres ånder var døde, forsagede Gud dem ikke. Han lærte dem alle de ting, som de havde behov for at vide i deres jordiske liv. Adam lærte sine børn sandheden, så både Kain og Abel vidste, hvordan de skulle ofre til Gud.

Men med tiden begyndte Kain at ofre jordens frugter til Gud, mens Abel fortsatte med at ofte blod, sådan som Gud ønskede. Og da Gud kun tog imod Abels offer, blev Kain jaloux i stedet for at indse sin fejl og angre, og i sidste ende slog han Abel ihjel.

Fra da af blev synden blevet stadig mere udbredt, og på Noas tid var jorden så fuld af vold, at Gud til sidst måtte straffe hele verden med vand. Men han lod Noa og hans tre sønner undfange en helt ny race. Så hvad er der sket med den menneskerace, som lever her på denne jord?

1. Livets sæd

Da Adam syndede, blev hans kommunikation med Gud afbrudt. Hans spirituelle energi løb ud af ham og den kødelige energi kom ind og dækkede livets sæd i ham.

Gud skabte Adam af jordens støv. På hebræisk betyder "Adamah" jordens støv. Gud lavede mennesket af jord og blæste livsånden ind i hans næsebor. I Esajas' Bog står der også, at mennesket er lavet af ler.

Esajas' Bog 64:7 fortæller: *"Men, Herre, du er jo vor fader, vi er ler, og du har formet os, vi er alle sammen dine hænders værk."*

Ikke længe efter at jeg åbnede denne kirke, viste Gud mig i en vision, hvordan han havde formet Adam af ler. Det materiale, han brugte, var jord blandet med vand, hvilket vil sige ler. Vandet henviser her til Guds ord (Johannesevangeliet 4:14). Da jord og vand blev blandet, og livets ånde blev blæst ind i det, begyndte blodet, som er liv, at cirkulere, og et levende væsen blev til (Tredje Mosebog 17:14).

Livsånden har Guds kraft i sig. Da den kommer fra Gud, kan den aldrig udslukkes. Bibelen siger ikke kun, at Adam blev menneske. Den fortæller, at han blev et levende væsen. Det vil sige, at han blev en levende ånd. Han kunne have levet til evig tid med livsånden, selv om han var blevet dannet af jordens støv. På den baggrund kan vi forstå betydningen af det vers i Johannesevangeliet 10:34-35, hvor der står: *"Jesus svarede dem: "Står der ikke skrevet i jeres lov: "Jeg har sagt, I er guder"? Når loven kalder dem guder, som Guds ord er kommet til – og Skriften kan ikke rokkes.""* Mennesket blev i begyndelsen skabt til at leve til evig tid uden at se den fysiske død. Selv om Adams ånd døde på grund af hans ulydighed, blev kernen af livets sæd givet af Gud. Den er evig og med den kan enhver blive født igen som Guds barn.

Livets sæd gives til alle

Da Gud skabte Adam, plantede han den uudslettelige livssæd i ham. Livssæden er den oprindelige sæd, som Gud plantede i Adams ånd, og den udgør kernen af ånden. Den er kilden til kraften til at have Gud i sinde og gøre sin pligt som menneske.

I sjette måned af graviditeten giver Gud livets sæd til ånden, som er i fosteret. Med denne sæd i hjertet og Gud kraft er mennesket i stand til at kommunikere med Gud. De fleste mennesker, som ikke anerkender Guds eksistens, er bange eller bekymrede ved tanken om livet efter døden, og de kan ikke for alvor fornægte Gud dybt i deres hjerter, netop fordi de har livets sæd i sig.

Pyramiderne og andre mindesmærker bærer folks forestillinger om det evige liv og deres håb om et hvilested. Selv de modigste mennesker frygter døden, fordi livets sæd i dem anerkender det liv, der vil komme.

Alle mennesker har livets sæd, som er givet af Gud, og søger derfor Gud i sin natur (Prædikerens Bog 3:11). Livets sæd fungerer som mennesket hjerte, og er dermed direkte relateret til det åndelige liv. Blodet cirkulerer for at forsyne kroppen med ilt og næring takket være hjertet. På samme måde vil ånden få energi til at lade mennesket kommunikere med Gud, når livets sæd aktiveres i mennesket. Hvis omvendt ånden er død, er livets sæd ikke aktiv, og så kan man ikke kommunikere direkte med Gud.

Livets sæd er åndens kerne

Adam var fuld af sand viden, som han havde fået fra Gud. Livets sæd i ham var fuldt aktiv. Han var fyldt af åndelig energi. Han blev så vis, at han kunne give alle ting navn og leve som hersker over alle skabningerne. Men efter at han syndede, blev hans kommunikation med Gud afbrudt. Hans åndelige energi begyndte også at lække. Den blev erstattet af kødelig energi i hjertet, og denne energi dækkede livets sæd. Fra da af mistede sæden langsomt sit lys og blev til sidst fuldkommen inaktiv.

Ligesom menneskets liv ender, når hjertet ikke længere slår, så endte Adams åndelige liv, da livets sæd blev inaktiv. Sæden holdt helt op med at fungere, og det er det samme som at dø. Alle i det fysiske rum fødes med en inaktiv livssæd.

Siden Adams fald har det været umuligt for menneskets at undgå døden. For at opnå det evige liv var det nødvendigt at løse

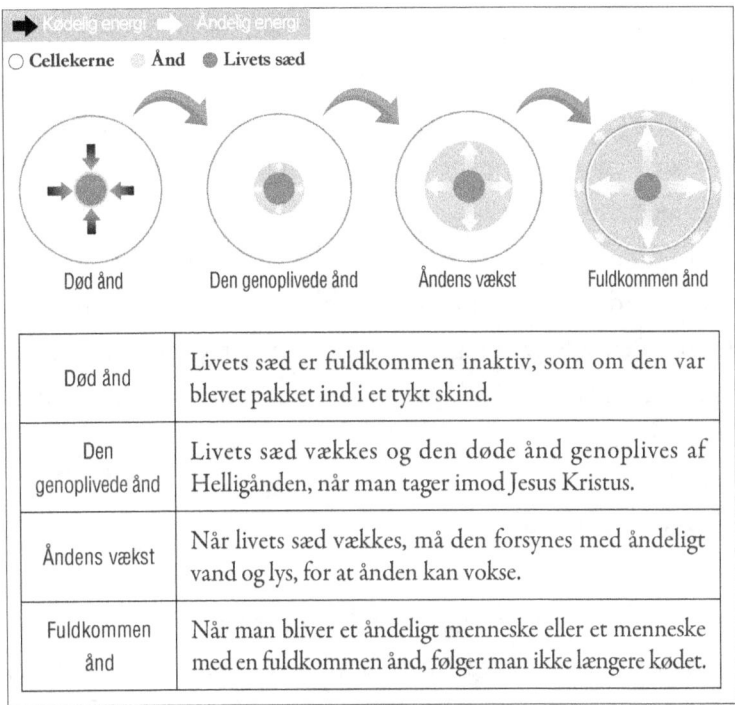

Død ånd	Livets sæd er fuldkommen inaktiv, som om den var blevet pakket ind i et tykt skind.
Den genoplivede ånd	Livets sæd vækkes og den døde ånd genoplives af Helligånden, når man tager imod Jesus Kristus.
Åndens vækst	Når livets sæd vækkes, må den forsynes med åndeligt vand og lys, for at ånden kan vokse.
Fuldkommen ånd	Når man bliver et åndeligt menneske eller et menneske med en fuldkommen ånd, følger man ikke længere kødet.

syndens problem, og det kunne kun lade sig gøre med hjælp fra Gud, som er lys. Folk måtte nemlig tage imod Jesus Kristus og få tilgivet deres synder. Jesus påtog sig menneskehedens synd, da han døde på korset for at genoplive vores ånder. Han blev vejen, sandheden og livet, hvorigennem alle mennesker kan opnå evigt liv. Når vi tager imod Jesus som vores personlige frelser, kan vi få syndernes tilgivelse og blive Guds børn, som modtager Helligånden.

Helligånden aktiverer livets sæd i os. Dermed genoplives vores døde ånd. Fra dette øjeblik begynder livets sæd, som ellers har mistet sit lys, at skinne igen. Den kan naturligvis ikke skinne så klart som den skinnede i Adam, men lysets intensitet vokser i takt med at troens øges og ånden styrkes og modnes. Jo mere livets sæd opfyldes af Helligånden, jo stærkere lys udsender den, og jo stærkere bliver lyset fra den åndelige krop. I den udstrækning et menneske fylder sig med viden om sandheden, kan han genvinde Guds tabte billede og blive Guds sande barn.

Livets fysiske sæd

Ud over den åndelige livssæd, som er åndens kerne, er der også den fysiske livssæd. Dette udtryk henviser til sperm og æg. Gud lavede planen for den menneskelige kultivering for at få sande børn, som han kunne leve sammen med i sand kærlighed. Og med henblik på at udføre denne plan gav han mennesket livets sæd, sådan at de kunne mangfoldiggøre sig og fylde jorden. Det spirituelle rum, hvor Gud dvæler, er grænseløst, og der er ensomt og øde, hvis ikke der er andre væsener. Derfor skabte Gud Adam som en levende ånd og lod ham mangfoldiggøre sig generation efter generation, sådan at Gud kunne få mange børn.

De børn, som Gud ønsker, er mennesker hvis døde ånd er blevet genoplivet, og som er i stand til at kommunikere med Gud og leve i kærlighed med ham til evig tid i himmeriget. Gud har givet alle denne livssæd, og han har gennemført den menneskelige kultivering siden Adams tid for at få sande børn. David opdagede denne plan og indså Guds kærlighed, og sagde: *"Jeg takker dig, fordi jeg er underfuldt skabt, underfulde er dine gerninger, jeg ved det fuldt ud!"* (Salmernes Bog 139:14)

2. Hvordan mennesket begynder at eksistere

Et menneske kan ikke klones fra et andet menneske. Selv om det ydre aspekt måske kunne kopieres, så ville der ikke være tale om et menneske, hvis ikke det havde en ånd. Klonen ville være ligesom et dyr.

Et nyt liv undfanges, når mandens sperm og kvindens æg forenes. Derefter skal fosteret ligge ni måneder i livmoderen for at blive et levedygtigt individ. Vi kan fornemme Guds mystiske kraft i denne vækstproces fra undfangelsen og indtil graviditetens afslutning.

I den første måned efter undfangelsen begynder nervesystemet at udvikle sig. Grundlaget bliver lagt for at blod, knogler, muskler og indre organer kan dannes. I anden måned begynder hjertet at slå, og fosteret begynder i grove træk at ligne et menneske. Man kan se hovedet og lemmerne. I tredje måned dannes ansigtet. Fosteret begyder at bevæge hovedet, kroppen og lemmerne, og kønsorganerne udvikles også.

Fra fjerde måned er moderkagen færdig. Tilførslen af næringsstoffer øges og fosterets længde og vægt øges hastigt. Alle de nødvendige organer i kroppen fungere på normal vis. Musklerne udvikles for alvor fra femte måned, og fosteret begynder at kunne høre. I sjette måned tager udviklingen af fordøjelsesorganerne fart. Håret begynder at vokse på hovedet i syvende måned, og lungerne udvikles tilstrækkeligt til at fosteret kan begynde at trække vejret.

I ottende måned fuldendes kønsorganerne og hørelsen. Fosteret kan endda reagere på lyde fra omverden. I niende måned bliver håret tykkere, de fine kropshår forsvinder og lemmerne bliver mere buttede. Ved afslutningen af de ni måneder er en baby i gennemsnit 50 cm lang og den vejer omkring 3,2 kg ved fødslen.

Fosteret er et liv, som tilhører Gud

Med den aktuelle videnskabelige udvikling er folk blevet meget interesserede i at klone levende væsener. Men som tidligere nævnt er det ikke muligt at klone mennesket, uanset hvor avanceret, videnskaben bliver. Selv om det måske bliver muligt at klone den menneskelige krop, så vil denne krop ikke have nogen ånd. Og uden ånden vil den være ligesom et dyr.

Til forskel fra dyrene bliver mennesket på et tidspunkt i sin vækstproces tildelt en ånd. Det sker i graviditetens sjette måned, når fosteret har forskellige organer, ansigt og lemmer. Og dermed bliver det et kar, som er tilstrækkelig godt til at indeholde en ånd. På dette tidspunkt giver Gud livets sæd sammen med ånden. Det kan vi udlede af en optegnelse i Bibelen, som fortæller om et seks måneder gammelt fosters reaktion i livmoderen.

I Lukasevangeliet 1:41-44 står der: *"Da Elisabeth hørte Marias hilsen, sprang barnet i hendes liv, og hun blev fyldt med Helligånden og råbte med høj røst: "Velsignet være du blandt kvinder, og velsignet dit livs frugt. Hvordan kan det forundes mig, at min Herres mor kommer til mig? For da lyden af din hilsen nåede mine ører, sprang barnet i mig af fryd.""*

Dette skete da Jesus netop var blevet undfanget i Jomfru Marias skød, og hun var taget på besøg hos Elisabeth, som havde undfanget Johannes Døberen seks måneder før. I sin moders skød sprang Johannes Døberen af glæde, da Jomfru Maria kom. Han genkendte Jesus i Marias skød og blev fyldt af ånden. Et foster er ikke bare et liv, men også et åndeligt væsen, som kan fyldes af ånd fra graviditetens sjette måned. Og lige fra undfangelsen er mennesket et liv, som tilhører Gud. Kun Gud har herredømmet over livet. Man må derfor ikke abortere et barn efter forgodtbefindende, selv om det endnu ikke har fået en ånd.

De ni måneder, hvor fosteret vokser i livmoderen, er meget vigtige. Det får alle de nødvendige næringsstoffer fra moderen, så hun må sørge for at få en afbalanceret kost. Morens tanker og følelser påvirker også dannelsen af barnets karakter, personlighed og intelligens. Det samme gælder for ånden. De babyer, hvis mødre tjener Guds rige og beder flittigt, bliver som regel født med en mild karakter og vokser op sunde og vise.

Herredømmet over livet tilhører kun Gud, men han blander sig ikke i menneskets undfangelse, fødsel og vækst. Den medfødte natur bestemmes gennem den livsenergi, som forældrenes æg og sæd indeholder. De øvrige træk tilegner man sig, og de udvikles i overensstemmelse med miljøet og andre former for indflydelse.

Guds særlige indgriben

I nogle tilfælde griber Gud ind i undfangelse og fødsel. Det sker for det første, når forældrene behager Gud med deres tro og indtrængende bøn. Hanna var en kvinde, som levede på dommernes tid, og hun led meget under at hun ikke havde nogen børn. Så hun bad indtrængende til Gud. Og hun lovede, at hvis hun fik en søn, så ville hun overlade han til Gud.

Gud hørte hendes bøn og velsignede hende til at undfange en søn. Og Hanna bragte hendes søn Samuel til præsterne, så snart han var blevet vænnet fra, og lod ham være Guds tjener. Drengen kommunikerede med Gud fra sin barndom, og blev senere en af Israels store profeter. Da Hanna havde holdt sit løfte, velsignede Gud hende til at få yderligere tre sønner og to døtre (Første Samuelsbog 2:21).

For det andet griber Gud ind i forhold til de mennesker, som er blevet udset af Gud med henblik på forsynet. For at forstå dette, må vi forstå forskellen mellem at blive udvalgt og at blive udset. Gud udvælger, når han sætter nogle faste rammer og uden skelnen tager alle til sig, som kommer indenfor disse rammer. For eksempel har han sat rammerne for frelsen, og frelser alle, som kommer indenfor rammerne. Alle, som opnår frelse ved at tage imod Jesus Kristus og leve efter Guds ord, kan derfor sige at være "udvalgt."

Nogle mennesker misforstår dette og tror, at Gud allerede har besluttet, hvem der skal frelses, og hvem der ikke skal. De tror, at hvis man tager imod Herren, så vil Gud sørge for, at man på en eller anden måde vil blive frelst, selv om man ikke lever efter hans ord. Men det er en misforståelse.

Enhver som ved egen fri vilje kommer til troen og holder sig indenfor frelsens rammer, vil blive frelst. Disse mennesker er Guds "udvalgte." Men de, som ikke kommer indenfor frelsens rammer, eller som har været indenfor, men som er kommet bort fra dem ved at være venligt indstillet overfor verden og overlagt begå synd, kan ikke blive frelst, med mindre de omvender sig.

Hvad vil det så sige at være "udset"? Det henviser til at Gud, som ved alt og har planlagt alt siden før tidens begyndelse, vælger et særligt menneske og kontrollerer vedkommendes livsløb. Der er for eksempel tale om Abraham; Jakob, israelitternes forfader; og Moses, som ledte israelitterne ud af Egypten. De blev alle udset af Gud til at udføre en særlig opgave, som Gud gav dem i sit forsyn.

Gud ved alt. Han ved, hvilken slags mennesker der skal fødes på bestemte tidspunkter i menneskehedens historie for at forsynet for den menneskelige kultivering kan opfyldes. Så han udser sig særlige personer og lader dem udføre store opgaver. I forhold til de mennesker, som er blevet udset på denne måde, har Gud grebet ind i et hvert øjeblik af deres liv siden deres fødsel.

I Romerbrevet 1:1 står der: *"Fra Paulus, Kristi Jesu tjener, kaldet til apostel, udset til at forkyndet det evangelium, som*

Gud forud har lovet ved sine profeter." Paulus blev udset til
at være apostel for hedningene med henblik på at udbrede
budskabet. Han blev udset til at gennemgå utænkelige lidelser,
fordi han havde et modigt og uforanderligt hjerte. Han blev også
givet den pligt og det ansvar at nedskrive de fleste af bøgerne
i det Nye Testamente. Gud lod ham lære ordet helt fra tidlig
barndom gennem en af datidens dygtigste lærte, Gamaliel.
Johannes Døberen var også blevet udset af Gud. Gud greb
ind i hans undfangelse, og lod ham have et anderledes liv
siden barndommen. Han levede alene i ødemarken og havde
ikke nogen kontakt med omverden. Han var klædt i klæder
af kamelhår og havde et læderbælte om livet, og hans føde var
græshopper og vild honning. På denne måde beredte han vejen
for Jesus. Det samme var tilfældet med Moses. Gud greb ind i hans
fødsel. Moses blev sat ud i floden, men blev fundet af en
prinsesse, og blev dermed prins. Ikke desto mindre blev han
opdraget af sin egen mor, sådan at han kunne lære om Gud og
om sit folk. Da han var egyptisk prins lærte han den verdslige
viden. Gud udser sig bestemte personer på baggrund af sin viden
om, hvilke slags menneske der er behov for på særlige tidspunkter
i den menneskelige historie, og han kontrollere disse personers
liv med sit overherredømme.

3. Samvittighed

Det afhænger i meget høj grad af et menneskes samvittighed
om dette menneske søger og møder Gud skaberen,
genvinder Guds tabte billede og bliver et værdifuldt væsen.

Forældrenes sperm og æg har en vis livsenergi, som
børnene dermed arver. Det samme gælder for samvittigheden.
Samvittigheden er den standart, som gør det muligt at skelne
mellem godt og ondt. Hvis forældrene har levet gode liv og har
hjerter med god muld, så er det mere sandsynligt at børnene
også vil blive født med en god samvittighed. Den livsenergi, som
arves fra forældrene, er derfor en afgørende faktor i et menneskes
samvittighed.

Men selv om folk fødes med god livsenergi fra forældrene, så
er det sandsynligt, at deres samvittighed vil blive besudlet med
ondskab, hvis de vokser op i et ugunstigt miljø, hvor de ser og
hører mange onde ting, og disse onde ting bliver plantet i dem.
Omvendt er der gode muligheder for at de mennesker, som
vokser op i gunstige miljøer, hvor de ser og hører gode ting, har
en relativt god samvittighed.

Samvittighedens dannelse

Forskellige former for samvittighed bliver dannet i
overensstemmelse med de forældre, man bliver født af, og det

miljø, man vokser op i, dvs. de ting man ser, hører, og lærer, og endelig de anstrengelser som personen selv gør for at gøre det gode. Så de mennesker, som bliver født af gode forældre, vokser op i gode miljøer og kontrollerer sig i forsøg på at søge godheden, følger deres samvittighed. For disse mennesker er det let at forstå budskabet og lade sig forandre af sandheden.

Folk kan måske tro, at samvittigheden er den gode del af vores hjerte, men i Guds øjne er det ikke sådan. Nogle mennesker har en god samvittighed, og dermed en stærkere tendens til at følge godheden, men andre har en ond samvittighed og søger deres egen vinding frem for at følge sandheden.

Nogle mennesker mærker et stik af samvittighed, hvis de kommer til at tage selv den mindste ting, som ikke tilhører dem, men andre tænker, at det ikke er tyveri, og dermed heller ikke er ondt. Folk bedømmer ud fra forskellige standarter for godt og ondt, alt efter hvilken form for miljø, de er opvokset i, og hvad de har lært.

Man skelner mellem godt og ondt på baggrund af sin samvittighed. Men samvittigheden er forskellige fra person til person. Desuden er der forskelle alt efter kultur og område, og det er derfor ikke muligt at blive enig om en absolut standart for godt og ondt. Den absolutte standart kan kun findes i Guds ord, som er sandheden selv.

Forskellen mellem hjerte og samvittighed

I Romerbrevet 7: 21-24 står der: *"Jeg finder altså den lov, at jeg, skønt jeg vil gøre det gode, kun evner det onde. For jeg glæder mig inderst inde over Guds lov. Men jeg ser en anden lov i mine lemmer, og den ligger i strid med loven i mit sind og holder mig som fange i syndens lov, som er i mine lemmer. Jeg elendige menneske! Hvem skal fri mig fra dette dødsens legeme?"*

Fra dette tekststykke kan vi forstå, hvordan menneskets hjerte er sammensat. Det "inderste indre" i dette stykke er det sande hjerte, som også kan kaldes det hvide hjerte, og som forsøger at følge Helligåndens vejledning. Dette inderste inde er livets sæd. Men der er også "syndens lov", som er det sorte hjerte, og som består af usandhed. Og endelig er der "loven i mit sind." Dette er samvittigheden. Samvittigheden er den værdistandart, som vi hver især har dannet. Den er en blanding af det hvide hjerte og det sorte hjerte. Det er vigtigt at forstå hjertet, før vi kan forstå samvittigheden.

Der er mange definitioner med ordet "hjerte" i ordbogen. Det er "det følelsesmæssige eller moralske til forskel fra den intellektuelle natur", eller "menneskets indre karakter, følelser eller inklinationer." Men den åndelige betydning af ordet "hjerte" er en anden.

Da Gud skabte det første menneske Adam, gav han ham livets sæd og en ånd. Adam var et tomt kar, og Gud fyldte ham med åndelig viden, såsom kærlighed, godhed og sandfærdighed. Da Adam kun kendte sandheden, var hans livssæd fyldt af ånd og åndelig viden. Han var opfyldt af sandheden, og der var ikke behov for at skelne mellem ånd og hjerte. Og der var ingen usandhed, så det var ikke nødvendigt at bruge ord såsom "samvittighed."

Men efter at Adam syndede, var hans ånd ikke længere det samme som hans hjerte. Hans kommunikation med Gud blev ødelagt, og den sandhed, der havde fyldt han hjerte, begyndte at lække. Samtidig begyndte usandhed såsom had, misundelse og arrogance komme ind i hjertet og dække livets sæd. Usandheden kom på grund af synden, ånden døde, og fra da af begyndte vi at bruge ordet "hjerte."

Efter Adams fald var livets sæd i menneskenes hjerter dækket af usandhed, hvilket betyder at det var sjælen, ikke ånden, der lagde sig over livets sæd. Sagt på en anden måde er sandhedens hjerte hvidt og det usande hjerte er sort. Alle de efterkommere af Adam, som blev født efter hans fald, har et usandt og et sandt hjerte, og samvittigheden består af en blanding af sandhed og usandhed.

Naturen er samvittighedens grundlag

Den oprindelige karakter af et menneskes hjerte er vedkommendes "natur." Personens natur er ikke kun bestemt af arv. Den kan forandres alt efter hvilke ting, man tager til sig under sin opvækst. Ligesom muldens karakter kan ændres alt

51

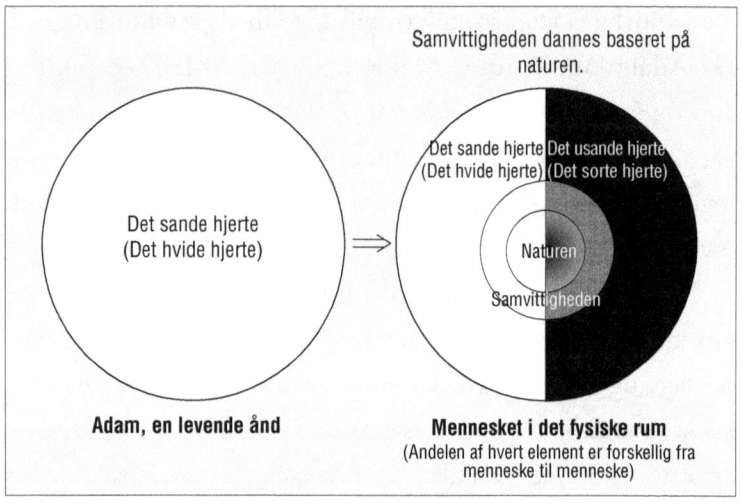

Samvittigheden dannes baseret på naturen.

Det sande hjerte
(Det hvide hjerte)

Det sande hjerte Det usande hjerte
(Det hvide hjerte) (Det sorte hjerte)

Naturen

Samvittigheden

Adam, en levende ånd

Mennesket i det fysiske rum
(Andelen af hvert element er forskellig fra
menneske til menneske)

< Hjertets sammensætning >

efter hvad vi blander den med, så kan også menneskets karakter forandres, alt efter hvad personen ser, hører og føler.

Alle Adams efterkommere, som fødes på denne jord, arver gennem forældrenes livsenergi en natur, som er en blanding af sandhed og usandhed. Selv om folk fødes med en god natur, så vil den blive ond, hvis de tager imod onde ting fra ugunstige omgivelser. Omvendt vil de blive forholdsvis mindre onde, hvis de modtager gode ting fra omgivelserne. Ethvert menneskes natur kan ændres ved at tilføre sandhed eller usandhed.

Det er let at forstå samvittigheden, hvis vi først forstår

menneskets natur, for samvittigheden er en standart, som bygger på naturen. Vi tilegner os sand og usand viden, som blandes med vores medfødte natur, og danner vores vurderingsgrundlag. Dette er samvittigheden. Så i vores samvittighed er der et sandt hjerte, ondskab fra vores natur, og selvretfærdigheden.

Som tiden går bliver verden i stadig stigende grad fyldt af synder og ondskab, og folks samvittighed bliver ondere og ondere. Man arver i stigende grad en ond natur fra sine forældre, og folk tager i høj grad usandheden til sig i deres liv. Denne proces fortsætter generation efter generation. Da samvittigheden bliver ondere og mere følelsesløs, er det stadig sværere for folk at tage imod budskabet. De er i stedet underlagt Satans gerning og begår synder.

4. Kødets gerning

Når et menneske synder, vil det blive straffet i
overensstemmelse med loven i det spirituelle rige. Gud
bærer over med ham for at give ham en mulighed for
at angre og omvende sig fra synderne, men hvis han
overskrider grænsen, vil der komme prøvelser og trængsler
eller forskellige ulykker.

Alle fødes med en syndefuld natur, for Adams syndefulde
natur bliver overleveret til børnene gennem forældrenes
livsenergi. Vi kan til tider se selv små børn, der udtrykker deres
vrede og frustration, for eksempel ved at græde ustandseligt. Hvis
vi ikke tager os af en sulten baby som græder, vil han begynde
at græde så meget, at det virker som om, han ikke er i stand til
at trække vejret. Og bagefter vil han måske afvise vores forsøg
på at tage os af ham, fordi han er så vred. Selv nyfødte børn
kan udvise denne form for adfærd, fordi de arver et kraftigt
temperament, had eller misundelse fra forældrene. Det skyldes, at
alle mennesker har en syndefuld karakter i deres hjerte, og denne
karakter er arvesynden.

Folk begår også synder under deres opvækst. Ligesom
magneter tiltrækker metal, vil de mennesker, som lever i det
fysiske rum, til stadighed tage usandheden til sig og begå synder.
Disse selvbegåede synder kan kategoriseres som synder i hjertet
eller synder i handling. Forskellige synder har hver deres størrelse,

54

og de synder, som begås i handling, vil helt sikkert blive dømt (Første Korintherbrev 5:10). Der henvises til disse synder som "kødets gerninger."

Kødet og dets gerninger

I Første Mosebog 6:3 står der: "Da sagde Herren: Min livsånde skal ikke forblive i mennesket for evigt. De er dødelige, deres levetid skal være 120 år." Dødeligheden henviser ikke kun til den fysiske krop. Det betyder, at mennesket er et kødeligt væsen, som er besudlet af synder og ondskab. Et kødelig menneske kan ikke gå med Gud til evig tid, og kan dermed ikke blive frelst. Ganske få generationer efter at Adam blev udvist af Edens have og kom til at leve på denne jord, begyndte hans efterkommere at begå kødelige gerninger.

Noa var et retfærdigt menneske, da han levede, og Gud lod ham bygge en ark og advare folk om, at de skulle omvende sig fra deres synder. Men det var kun Noas egen familie, som ville med i arken. Ifølge den åndelige lov, som siger at "syndens løn er død" (Romerbrevet 6:23), gik alle andre end Noa og hans familie til under syndfloden.

Så hvad er den åndelige betydning af "kød"? Det henviser til "den usande natur i hjertet, som afsløres gennem specifikke handlinger." Med andre ord vil misundelse, temperament, grådighed, utro tanker, arrogance og alle andre indre usandheden afsløres i form af vold, grimt sprog, utro handlinger eller mord.

55

Fællesbetegnelsen for alle disse handlinger er "kød", og de ydre handlinger betegnes som "kødets gerninger."

De synder, der ikke afsløres i handlinger, men som kun begås i sindet og tankerne, kaldes "kødets ting." Kødets ting kan til en hver tid komme til udtryk som kødets gerninger, hvis ikke de udskilles fra hjertet. En mere detaljeret forklaring af kødets ting kan findes i anden del: "Sjælens dannelse."

Når først kødets ting afsløres som kødets gerninger, er der tale om uretfærdighed og lovløshed. Selv om vi har en syndefuld natur i hjertet, er der ikke nødvendigvis tale om uretfærdighed, men når den udtrykkes i handling, er det uretfærdighed. Hvis vi ikke skiller os af med kødets ting og kødets gerninger, men fortsætter med at begå dem, vil de bygge en mur af synd, som skiller os af Gud. Og så vil Satan anklage os og give os prøvelser og trængsler. Vi kan endda komme ud for ulykker, for Gud kan ikke beskytte os. Det er umuligt at vide, hvad der vil ske i morgen, hvis ikke vi er under Guds beskyttelse. Og vi kan heller ikke få svar på vores bønner.

Kødets velkendte gerninger

Ondskaben er udbredt i verden, men nogle af de mest velkendte synder er den seksuelle amoral og sensualitet. Sodoma og Gomorra var fulde af sensualitet, og de blev ødelagt af svovl og ild. Hvis man ser på resterne af byen Pompeji, kan man fornemme, at der var tale om et utugtigt og dekadent samfund.

I Galaterbrevet 5:19-21 beskrives kødets velkendte gerninger:

Kødets gerninger er velkendte: utugt, urenhed,
udsvævelse, afgudsdyrkelse, trolddom, fjendskaber, kiv,
misundelse, hidsighed, selviskhed, splid, kliker, nid,
drukkenskab, svir og mere af samme slags. Jeg siger jer
på forhånd, som jeg før har sagt, at de, der giver sig af
med den slags, ikke skal arve Guds rige.

Nu om dage tager kødets gerninger overhånd rundt omkring
i verden. Lad mig give nogle eksempler på disse gerninger.

For det første er der den seksuelle amoral. Den kan være både
fysiske og spirituel. I fysisk forstand henvises der til utroskab og
hor. Selv om folk er forlovede, er det ingen undtagelse. Det er
almindeligt at romaner, film eller serier beskriver hor som smuk
kærlighed, og dermed gør folk ufølsomme overfor synden og
slører skelneevnen. Der findes mange obskøne materialer, som
tilskynder til hor.

Men der er også den åndelige amoral blandt de troende. Når
de går til spåkoner, bruger amuletter eller lykkemønter, så er der
tale om åndelig utroskab (Første Korintherbrev 10:21). Hvis
de kristne ikke sætte deres lid til Gud, som har kontrol over liv,
død, velsignelser og forbandelser, men i stedet søger afguder og
dæmoner, så er det åndelig udtroskab, og det er ensbetydende
med at bedrage Gud.

For det andet er det urent at følge sin lyst og gøre uretfærdige ting, eller fylde sit liv med utugtige ord og handlinger. Hvis der er tale om seksuelt samvær med dyr, gruppesex eller homoseksualitet, ligger det hinsides det almindelige niveau for seksuel amoral (Tredje Mosebog 18:22-30). Jo mere udbredt synden er, jo mere ufølsomme bliver folk overfor utugten.

De ovenstående ting er ulydighed og oprør overfor Gud (Romerbrevet 1:26-27). Der er tale om synder, som fratager os frelse (Første Korintherbrev 6:9-10), hvilket af frastødende for Gud (Femte Mosebog 13:18). Gud anser det for afskyeligt, når folk får kønsskifteoperationer, når mænd går i kvindetøj, eller når kvinder går i herretøj (Femte Mosebog 22:5).

For det tredje er afgudsdyrkelse foragteligt i Guds øjne. Der er fysiske afguder og åndelige afguder.

Den fysiske afgudsdyrkelse er at tjene og tilbede gudebilleder, som er lavet af træ, sten eller metal, i stedet for at søge Gud Skaberen (Anden Mosebog 20:4-5). Alvorlig afgudsdyrkelse vil forårsage forbandelser, som fortsætter i tre eller fire generationer. Når vi iagttager de familier, som for alvor er afgudsdyrkere, vil man se, at Satan og den fjendtlige djævel konstant giver dem prøvelser og trængsler, og at der konstant er problemer internt i familierne. I disse familier er der særlig mange tilfælde af dæmonbesættelse, mentale forstyrrelser og alkoholisme. De mennesker, som er født i sådanne familier, vil blive forstyrret af Satan og djævlen, selv om de tager imod Herren, og det vil være vanskeligt for dem at leve i troen.

Åndelig afgudsdyrkelse er, at en troende elsker noget andet mere, end han elsker gud. Hvis man ikke overholder Herren dag, men i stedet hygger sig med film, serier, sportsbegivenheden eller hobbyer, eller hvis man overser sine forpligtelser i troen på grund af en kæreste, så er det åndelig afgudsdyrkelse. Hvis man elsker noget som helst andet mere end Gud – familien, børnene, verdslig underholdning, luksusgoder, magt, berømmelse, grådighed eller viden – så er det afgudsdyrkelse.

For det fjerde er der trolddom, som er brugen af kraft, der kommer fra onde ånder. Det er forkert at gå til spåkoner, hvis man tror på Gud. Selv de ikke-troende vil påkalde sig ulykker, når de udfører trolddom, for trolddom er håndtering af onde ånder.

Hvis man for eksempel bruger trolddom til at få problemerne til at forsvinde, så vil vanskelighederne vokse i stedet for at gå i sig selv. Efter trolddommen vil det lade til at de onde ånder holder sig i ro i en tid, men de vil snart skabe endnu større problemer for at blive tilbedt. Nogle gange fortæller de tilsyneladende om fremtiden, men onde ånder kender ikke noget til fremtiden. De er åndelige væsener, og de ved, hvordan kødelige mennesker er, så de bedrager folk til at tro, at de kan forudsige fremtiden, sådan at de kan blive tilbedt. Troldmænd kan også lægge onde planer for at narre andre, så man skal være meget forsigtig med dem. Hvis man narrer nogen ved hjælp af en snedig plan, så er det tydeligvis kødets gerning, og man forårsager dermed sin egen ødelæggelse.

For det femte er der fjendskab, som er en aktiv og ofte gensidig form for had eller ond vilje. Det er ønsket om andre menneskers ødelæggelse og viljen til at få det til at ske. De mennesker, som har fjendskab, hader andre med onde følelser, bare fordi de ikke synes om vedkommende. Hvis der er tale om en høj grad af had, kan det medføre udnyttelse, bagtale eller planer om bedrag.

For det sjette er strid en bitter form for voldelig konflikt. Striden skaber forskellige grupper i en kirke, bare fordi der er holdningsforskelle. Grupperne begynder at tale ondt om hinanden og at dømme og fordømme. Og så vil menigheden blive delt i mange grupper.

For det syvende er splid at opdele grupper alt efter forskellige tanker og ideer. Selv familier kan blive opdelt, og der kan være splid indenfor menigheden. Davids søn Absalom bedrog sin far og adskilte sig fra ham, fordi han fulgte sine egne lyster. Han gjorde oprør mod faren for at blive konge. Gud forsager sådanne mennesker. Absalom led i sidste ende en elendig død.

For det ottende er der kliker. Når der opstår kliker, kan det medføre kætteri. I Anden Petersbrev 2:1 står der: *"Der var dog også falske profeter i folket, ligesom der også blandt jer vil komme falske lærere, som vil indsmulge ødelæggende vranglærdomme og tilmed fornægte den Herre, som har købt dem. De nedkalder en brat tilintetgørelse over sig selv."* Kætteri er at fornægte Jesus Kristus (Første Johannesbrev 2:22-

23; 4:2-3). Hvis man siger, at man tror på Gud, men fornægter Gud Treenighed eller Jesus Kristus, som købte os med sit blod, så vil man nedkalde en brat tilintetgørelse over sig selv. Bibelen fortæller os klart, at det er kætteri at fornægte Jesus Kristus, og vi skal derfor være forsigtige med at dømme de mennesker, som tager imod Gud Treenigheden og Jesus Kristus.

For det niende er der misundelse, som kan udvikle sig til en alvorlig sag. Misundelse er ubehagelig, og den får folk til at lægge afstand til andre og hade dem, fordi de tilsyneladende har det bedre. Hvis denne misundelse udvikler sig, kan den fremkalde handlinger, som er til stor skade for andre. Saul var misundelig på sin egen undersåt David, fordi David være mere elsket af folket end han selv. Han forsøgte endda at bruge sin hær til at slå David ihjel, og ødelagde de præster og andre mennesker i byen, som skjulte David.

For det tiende er der drukkenskab. Noa begik den fejl at drikke vin efter syndfloden, og det fik frygtelige konsekvenser. Han forbandede sin anden søn Ham, som påpegede hans fejl. I Efeserbrevet 5:18 står der: *"Drik jer ikke berusede i vin, det fører til udskejelser, men lad jer fylde af Ånden."* Nogle vil måske sige, at et enkelt glad vin er i orden. Men det er en synd, uanset om der er tale om et glas eller to, for når man drikker alkohol, bliver man beruset. Desuden begår berusede mennesker en masse synder, fordi de ikke er i stand til at kontrollere sig.

I Bibelen står der om folk, der drikker vin, fordi der var mangel på vand i Israel, og så lod Gud folk drikke vin i stedet. Der var tale om ren druejuice, eller en stærk drik, som laves af frugter med højt sukkerindhold (Femte Mosebog 14:26). Men rent faktisk tillod Gud ikke mennesket at drikke alkohol (Tredje Mosebog 10:9; Fjerde Mosebog 6:3; Ordsprogenes Bog 23:31; Jeremias' Bog 35:6; Daniels Bog 1:8; Lukasevangeliet 1:15; Romerbrevet 14:21). Gud tillod kun en begrænset brug af vin i helt særlige tilfælde. Selv om der kun var tale om frugtjuice, kunne folk stadig blive berusede, hvis de drak for meget. Men Israels folk drak vin i stedet for vand fordi de havde brug for det, ikke for at blive berusede og more sig.

Til sidst er der svir, som er at nyde alkohol, kvinder, spil og andre lystfulde ting uden selvkontrol. Mennesker, som gør det, kan ikke fuldføre deres pligt. Hvis man ikke har selvkontrol, er der også tale om en form for svir. Hvis man lever et ovenud obskønt liv, eller lever efter forgodtbefindende, så er det svir. Og hvis man lever på denne måde efter at have taget imod Herren, så kan man hverken give sit hjerte til Gud eller skille sig af med synder, og dermed kan man heller ikke arve Guds rige.

Hvad vil det sige, at man ikke er i stand til at arve Guds rige?

Indtil nu har vi set nærmere på kødets velkendte gerninger. Men hvad er den fundamentale grund til at folk begår disse gerninger? Det er, at de ikke vil have Gud Skaberen i deres hjerte. Det beskrives i Romerbrevet 1:28-32: *"Fordi de ikke regnede det for noget værd at kende Gud, prisgav Gud dem til en forkastelig tankegang, så de gjorde, hvad der ikke sømmede sig: De blev opfyldt af al slags uretfærdighed, ondskab, griskhed, usselhed; fulde af misundelse, blodtørst, stridslyst, svig og ondsindethed; de løber med sladder, de bagtaler andre, hader Gud, farer frem med vold, er hovne og fulde af pral; de finder på alt muligt ondt, er ulydige mod deres forældre; de er uforstandige, upålidelige, ukærlige, ubarmhjertige. De ved, at Gud har bestemt, at lever man sådan, fortjener man at dø; alligevel lever de ikke bare selv sådan, men bifalder også, at andre gør det."*

Det betyder grundlæggende, at man ikke vil arve Guds rige, hvis man udøver kødets velkendte gerninger. Naturligvis vil det ikke sige, at man ikke kan blive frelst, bare fordi man har syndet et par gange på grund af svag tro.

Det er ikke sandt at de nye troende, som ikke kender sandheden ret godt, eller som endnu har svag tro, ikke vil blive frelst, bare fordi de endnu ikke har skilt sig af med kødets gerninger. Alle mennesker har overtrædelser, indtil deres tro modner, og de kan få tilgivet deres synder ved at sætte deres lid til Herrens blod. Men hvis man bliver ved med at begå kødets gerninger uden at omvende sig, kan man ikke blive frelst.

Synder som fører til døden

I Første Johannesbrev 5:16-17 står der: *"Og når vi ved, at han hører os, hvad vi end beder om, så ved vi også, at vi allerede har fået det, vi har bedt ham om. Hvis nogen ser sin broder begå en synd, som ikke er til døden, skal han bede og således give ham liv – dette gælder dem, der ikke synder til døden. Der er synd, som er til døden; det er ikke om den, jeg siger, at man skal bede."* Som der står, er der synder, som er til døden, og andre, som ikke er det.

Så hvilke synder fører os til døden og fratager os retten til at arve Guds rige?

I Hebræerbrevet 10:26-27 står der: *"For synder vi med vilje, efter at vi har lært sandheden at kende, findes der ikke længere noget offer for synden, tilbage er kun en frygtelig forventning om dom og en brændende nidkærhed, som skal fortære modstanderne."* Hvis vi bliver ved med at begå synder, efter at vi er blevet klar over, at de er synder, så er det oprør mod Gud. Og han vil ikke give angerens ånd til sådanne mennesker.

I Hebræerbrevet 6:4-6 står der desuden: *"For det er umuligt at føre dem til ny omvendelse, som én gang er blevet oplyst og har smagt den himmelske gave, dem som har fået Helligånden og smagt Guds gode ord og den kommende verdens kræfter, og som så falder fra; for de korsfæster Guds søn igen og gør ham til spot."* Hvis man rejser sig mod Gud efter at have hørt sandheden og oplevet Helligåndens gerninger, kan man ikke få angerens ånd, og så kan man ikke blive frelst.

Hvis man fordømmer Helligåndens gerninger som djævlens værk eller kætteri, kan man heller ikke blive frelst, for det er blasfemi og oprør mod Helligånden (Matthæusevangeliet 12:31-32).

Vi må forstå, at der er synder, som ikke kan tilgives, og som vi aldrig må begå. Selv de små, ubetydelige synder kan udvikle sig til alvorlige overtrædelser, hvis der er mange af dem. Derfor må vi holde os til sandheden til enhver tid.

5. Kultivering

Den menneskelige kultivering henviser til hele den proces,
hvorigennem Gud har skabt menneskene på denne jord og
vogter over menneskehedens historie indtil dommedag for at
får sande børn.

Kultivering er, at bonden sår sin sæd og høster afgrøderne
med møje og besvær. Gud såede også den første sæd ved navn
Adam og Eva på denne jord for at kunne høste sine sande
børn med møje og besvær. Han har indtil nu gennemført den
menneskelige kultivering. Han vidste, at mennesket ville blive
ødelagt af ulydighed og bringe ham sorg. Men han kultiverer
alligevel menneskeheden indtil det sidste, for han ved, at der vil
være sande børn, som skiller sig af med ondskaben på grund af
deres kærlighed til Gud, og som forstår Guds hjerte.

Mennesket er jordens støv, så deres natur er den samme som
jordens. Hvis man sår sæd på marken, vil den skyde, vokse op og
bære frugt. Jordens har altså kraften til at producere nyt liv. Men
jordens karakter ændres, alt efter hvad man blander den med.
Det samme gælder for mennesket. De mennesker, som ofte bliver
vrede, vil have en mere vred natur. De, som ofte lyver, vil få en
falsk natur. Da Adam syndede, blev han og hans efterkommere
kødelige mennesker, og de blev i stigende grad besudlet af
usandheden.

Derfor må menneskene kultivere deres hjerter og genvinde det åndelige hjerte gennem den menneskelige kultivering.

Grunden til at mennesket kultiveres på denne jord er i sidste ende, at de skal kultivere deres hjerter og genvinde det rene hjerte, som kendetegnede Adam før faldet. Gud har givet os flere forskellige lignelser om kultivering i Bibelen, sådan at vi kan forstå hans forsyn for kultiveringen (Matthæusevangeliet 13; Markusevangeliet 4; Lukasevangeliet 8).

I Matthæusevangeliet 13 sammenligner Jesus menneskets hjerte med hård jord, klippegrund, jord med tidsler og god muld. Vi må hver især undersøge, hvilken slags jord vi har i vores hjerte, og arbejde på at gøre den til den gode muld, som Gud ønsker.

Fire slags jord i hjertet

For det første er der den hårde jord langs vejen, som er folk har gået på i lang tid. Der er ikke tale om markjord, for der er ingen sæd, der kan skyde i denne jord. Der er ingen livsgerning i den. Den hårde jord langs vejen henviser i spirituel betydning til hjertet hos de mennesker, som slet ikke tager imod budskabet. Deres hjerte er blevet hærdet af deres ego og stolthed, og budskabets sæd kan slet ikke sås. På Jesu tid holdt de jødiske ledere stædigt fast på deres egne meninger og traditioner, og de afviste Jesus og budskabet. Nu om stunder er de mennesker, der har et hjerte med hård jord, så stædige, at de ikke åbner deres sind, men i stedet afviser budskabet, selv om de oplever Guds kraft. Jorden langs vejen er så hånd, at sæden slet ikke kan komme ned i jorden. Så fuglene kommer og spiser sæden. Fuglene henviser her til Satan, der fjerner Guds ord, sådan at folk ikke kan få tro. De kommer måske i kirke på andre menneskers tilskyndelse, men de kan ikke tro Guds ord, selv om de hører det. I stedet bedømmer de præsten eller budskabet ud fra deres egne ideer. De mennesker, som har et hærdet hjerte og ikke åbner deres sind, kan ikke blive frelst, for ordets sæd kan ikke bære nogen frugt.

For det andet er der klippegrunden, som er en smule bedre end den hårde jord ved vejen. Mennesker, der er som hård jord, har ingen intention om at tage imod Guds ord, men mennesker med klippegrund forstår ordet, når de hører det. Hvis man sår på klippegrund, vil sæden skyde op, men den vil få svært ved at vokse. I Markusevangeliet 4:5-6 står der: *"Noget faldt på klippegrunden, hvor der ikke var ret meget jord, og det kom straks op, fordi der kun var et tyndt lag jord; og da solen kom højt på himlen, blev det svedet, og det visnede, fordi det ikke havde rod."*

De, der har et hjerte af klippegrund, forstår Guds ord, men kan ikke tage imod det med tro. I Markusevangeliet 4:17 står der: *"Men de har ikke rod i sig, de holder kun ud en tid, så når der kommer trængsler eller forfølgelser, falder de straks fra."* Guds ord fortæller os for eksempel, at vi skal holde søgnedagen hellig, give fuldt tiende, afholde os fra afgudsdyrkelse, tjene andre og være ydmyge. Når disse mennesker lytter til Guds ord, tror de, at de vil holde det, men når der kommer vanskeligheder, er de ikke i stand til at fastholde deres beslutning. De fryder sig, når de får Guds nåde, men i svære situationer skifter de hurtigt mening. De har hørt Guds ord og kender det, men har ikke styrke til at praktisere det, fordi ordet ikke er blevet kultiveret i deres hjerte som sikker tro.

For det tredje er der de mennesker, der har et hjerte som jord med tidsler. De vil forstå ordet og begynde at praktisere det. Men de kan ikke følge det i fuld grad, og der kommer ikke nogen smukke frugter. I Markusevangeliet 4:19 står der: *"Men denne verdens bekymringer og rigdommens blændværk og lyst til alt muligt andet kommer til og kvæler ordet, så det ikke bærer frugt."* De, der har denne form for jord i deres hjerte, synes at være gode troende, som praktiserer Guds ord, men de får til stadighed prøvelser og trængsler, og deres åndelige vækst er langsom. Det skyldes, at de ikke oplever Guds gerning, fordi de lader sig bedrage af verdslige bekymringer, rigdommens blændværk og lyst til alt muligt andet. Lad os forestille os, at deres forretning går bankerot og at de måske endda kommer i fængsel. Hvis det er muligt for dem at betale gælden tilbage med ganske få renter, er det muligt at Satan griber ind og frister dem til at udnytte situationen. Gud kan kun hjælpe dem, når de går retfærdighedens vej, uanset hvor hårdt det er, men de giver efter for Satans fristelser.

Selv om de er villige til at adlyde Guds ord, så kan de ikke

69

for alvor gennemføre det, for deres sind er fyldt af menneskelige tanker. De siger i deres bønner, at de overlader alt i Guds hænder, men rent faktisk sætter de kun deres lid til egen erfaring og tænkning. De sætter deres egne planer frem for alt andet, og så begynder tingene at gå galt for dem, selv om det til at starte med ser ud som om, det går godt. I Jakobsbrevet 1:8 står der, at disse mennesker er tvesindede.

Når tidslerne lige er skudt op, lader de ikke til at gøre nogen stor skade. Men hvis de vokser op, vil situationen ændres. De vil blive til buske, som forhindrer de andre planter i at vokse op. Så hvis der er noget, som hindrer os i at adlyde Guds ord, skal vi trække det op med rod med det samme, selv om det virker som en detalje.

For det fjerde er der den gode jord, som er frugtbar og velpasset af bonden. Den hårde jord er blevet pløjet, og både sten og tidsler er blevet fjernet. Det betyder, at man afholder sig fra at gøre de ting, som Gud forbyder, og skiller sig af med de ting, som Gud siger, at vi skal skille os af med. Der er hverken sten eller andre hindringer, så når Guds ord falder på jorden, giver den afgrøder i 30, 60 eller 100 fold. Sådanne mennesker vil få svar deres bønner.

Hvis vi vil undersøge i hvor høj grad, vi har kultiveret jorden i vores hjerter, kan vi se på, om vi praktiserer Guds ord. Jo mere god muld, vi har, jo lettere er det at leve ved Guds ord. Nogle mennesker kender ordet, men er ikke i stand til at praktisere det på grund af træthed, dovenhed, usandfærdige tanker eller lyster.

De, som har et hjerte med god muld, har ikke disse hindringer, så de forstår Guds ord og begynder at praktisere det lige så snart, de har hørt det. Når de indser, at noget bestemt er Guds vilje og behager ham, så gør de det straks.

I takt med at vi kultiverer vores hjerter, vil vi begynde at synes om de mennesker, vi tidligere har taget afstand fra. Vi begynder at tilgive de mennesker, vi ikke tidligere har været i stand til at tilgive. Misundelse og fordømmelse ændres til kærlighed og medlidenhed. Hovmod vil blive til ydmyghed og tjenstvillighed. Man kan omskære sit hjerte ved at skille sig af med ondskaben, for at kultivere hjertet og gøre det til god muld. Og når sæden af Guds ord så falder på hjertets gode jord, vil den spire og vokse hurtigt, og bære Helligåndens ni frugter og Lysets frugt i overflod.

Efterhånden som man ændrer sit hjerte til god jord, vil man få åndelig tro fra oven. Man kan også bede indtrængende om at modtage Guds kraft, høre Helligåndens stemme klart og fuldføre Guds vilje. De mennesker, som gør det, er de frugter, Gud ønsker at høste gennem den menneskelige kultivering.

Redskabets karakter: Hjertets jord

Et vigtigt element i kultiveringen af vores hjerte er redskabets karakter. Redskabets karakter er relateret til det materiale, redskabet er lavet af. Og det fortæller os, hvordan vi lytter til Guds ord, holder det i hu og praktiserer det. Bibelen sammenligner os med redskaber af guld, sølv, træ og ler (Andet Timotheusbrev 2:20-21). Vi lytter alle til Guds ord, men forstår dem på hver vores måde. Nogle tager imod ordet med et "amen", mens andre lader det glide bort, fordi det ikke stemmer overens med deres egne tanker. Nogle lytter med oprigtigt hjerte og forsøger at praktisere det, de hører, mens andre føler sig velsignet af beskeden, men hurtigt glemmer alt om den.

Disse forskelle skyldes redskabets forskellige karakterer. Hvis man fokuserer på Guds ord, når man hører det, vil det bliver sået i hjertet på en anden måde, end hvis man lytter til det med sløvhed og spredt opmærksomhed. Selv om man lytter til det samme budskab, vil resultatet være meget forskelligt, for nogle vil gemme ordet dybt i deres hjerte, mens andre lytter på tilfældig vis.

I Apostlenes Gerninger 17:11 står der: *"Disse jøder var mere imødekommende end jøderne i Thessalonika, de modtog ordet med megen velvilje og granskede dagligt teksterne for at se, om det forholdt sig sådan."* Og Hebræerbrevet 2:1 fortæller os: *"Derfor må vi så meget mere give agt på det, vi har hørt, så vi ikke glider bort fra det."*

Hvis man flittigt lytter til Guds ord, holder det i hu og praktisere det, så kan man siges at være at godt redskab. De gode redskaber er lydige overfor Guds ord, sådan at de hurtigt kan kultivere jorden i deres hjerter. Og når de så har fået god jord, vil de naturligvis overholde Guds ord af hjertets grund og praktisere det. Redskabets gode karakter hjælper med at kultivere den gode muld, og den gode muld hjælper med at kultivere den gode karakter. Som der står i Lukasevangeliet 2:19: *"Men Maria gemte alle disse ord i sit hjerte og grundede over dem."* Jomfru Maria var et godt redskab, og hun holdt Guds ord i hu, da hun lyttede til dem, mens Helligånden velsignede hende med undfangelse af Jesus.

I Første Korintherbrev 3:9 står der: *"For vi er Guds medarbejdere, og I er Guds mark, Guds bygning."* Vi er den mark, som Gud kultiverer. Vi kan få et rent og godt hjerte, der er ligesom god muld, og vi kan være et redskab, der skinner som guld, og som bruges til ædle formål, hvis vi lytter til Guds ord, holder det i hu og praktiserer det.

Hjertets karakter: Redskabets størrelse

Der er endnu et koncept, som har relation til redskabets karakter. Det drejer sig om, i hvor høj grad man udvidder og bruger sit hjerte. Redskabets karakter henviser til et materiale, mens hjertets karakter omhandler hjertets størrelse. Det kan inddeles i fire typer.

Den første kategori er de mennesker, som gør mere end det, de forventes at gøre. Dette er den bedste slags hjerte. Lad os forestille os, at et forældrepar beder deres børn om at samle deres

73

ting op fra gulvet, og at børnene ikke kun rydder op, men også gør rent i værelset. De overskrider forældrenes forventninger, og glæder dermed forældrene. Stefanus og Fillip var kun diakoner, men de var ligeså trofaste og hellige som apostlene. Gud glædede sig over dem og lod den udføre tegn og undere med stor kraft.

Den anden kategori er de mennesker, som kun gør det, der forventes af dem. Sådanne mennesker gør det, som er deres ansvar, men de interesserer sig ikke rigtig for andre mennesker i deres omgivelser. Hvis deres forældre beder dem om at samle ting op, så samler de op. De skal anerkendes for deres lydighed, men de kan ikke give Gud nogen stor glæde. Nogle troende i menigheden falder indenfor denne kategori; de udfører deres pligter, men tager sig ikke for alvor af andre ting. Gud vil ikke for alvor glæde sig over disse mennesker.

Den tredje kategori er de mennesker, som gør det, de skal, af rent pligtfølelse. De føler ingen glæde og taknemmelighed over at udføre deres opgaver, men gør det i stedet med beklagelser og brok. Disse mennesker er negative overfor alle ting, og de er nærige med at ofre sig selv og hjælpe andre. Hvis de får bestemte pligter, udfører de dem på grund af deres pligtfølelse, men de kan godt give andre mennesker vanskeligheder. Gud ser på vores hjerte. Han glæder sig, når vi udfører vores pligter af egen fri vilje med kærlighed til Gud, i stedet for at gøre det tvungent eller af pligtfølelse.

Den fjerde kategori er de mennesker, som gør det onde.

Sådanne mennesker har ingen fornemmelse for ansvar eller pligt. De tager heller ikke hensyn til andre. De insisterer på deres egne tanker og teorier, og kan skabe problemer for andre mennesker. Hvis sådanne mennesker er pastorer eller ledere, som skal tage hånd om menighedens medlemmer, gør de det ikke med kærlighed, og de mister derfor sjælene eller får dem til at snuble. De vil altid bebrejde andre, når tingene går galt, og i sidste ende vil de droppe deres pligter. Så det vil være bedst, at de slet ikke får nogen pligter fra begyndelsen.

Lad os nu se nærmere på, hvilken karakter vores hjerte har. Selv om vores hjerte allerede er stort, kan vi gøre det større. Det gør vi grundlæggende set ved at hellige vores hjerte og få karakter af et godt redskab. Vi kan ikke have et hjerte med en god karakter, hvis ikke vi er gode redskaber. Men hvis vi helliger os med hengivenhed og lidenskab til vores forpligtelser, kan vi kultivere hjertets karakter.

De, som har et hjerte med en god karakter, kan gøre store ting for Gud og ære Gud i allerhøjeste grad. Det var tilfældet med Josef. Han blev solgt til Egypten af sine egne brødre, og blev slave for Potifar, der var kaptajn for Farao. Men han beklagede sig ikke over at være blevet solgt som slave. Han gjorde sin pligt med så stor trofasthed, at hans herres stolede fuldt ud på ham, og han blev ansvarlig for hele husholdningen. Senere blev han uskyldig anklaget og sat i fængsel, men han var trofast som altid, og endte til sidst som statsminister for hele Egypten. Han reddede landet og sin familie under den alvorlige tørke, og lagde fundamentet for dannelsen af landet Israel.

Hvis han ikke havde haft et godt hjerte, ville han kun have gjort det, som hans herre befalede ham. Han ville have døet som egyptisk slave eller under opholdet i fængslet. Men Josef blev brugt af Gud, fordi han gjorde sit bedste i Guds øjne under alle omstændigheder og handlede med et stort hjerte.

Hvede eller avner?

Gud har kultiveret mennesket i det fysiske rum lige siden Adams fald. Når tiden kommer, vil han skille hveden fra avnerne, og bringe hveden ind i himmeriget og avnerne ind i helvede. I Matthæusevangeliet 3:12 står der: *"Han har sin kasteskovl i hånden, og han skal rydde sin tærskeplads og samle sin hvede i lade, men avnerne skal han brænde i en ild, der aldrig slukkes."*

Hveden henviser er til de mennesker, som elsker Gud og praktiserer hans ord for at leve i sandheden. De mennesker, som omvendt ikke lever efter Guds ord, men i stedet i ondskab uden at følge sandheden, og som ikke tager imod Jesus Kristus men gør kødets gerning, tilhører avnerne.

Gud vil, at alle skal være hvede og blive frelst (Første Timotheusbrev 2:4). Det kan sammenlignes med at bonden helst vil høste fra al den sæd, han har sået på marken. Men ved høsttid er der altid avner, og på samme måde vil ikke alle blive frelst under den menneskelige kultivering, for ikke alle vil blive til hvede.

Hvis vi ikke indser dette grundlæggende formål med den menneskelige kultivering, kan vi måske sige: "Men man siger da, at Gud er kærlighed, så hvorfor lader han nogle blive frelst, mens andre går mod ødelæggelsen?" Den individuelle frelse kan ikke bestemmes af Gud efter forgodtbefindende. Det er op til det enkelte menneskes fri vilje. Alle, som lever i det fysiske rum, må vælge om de vil gå mod himlen eller mod helvede. Jesus siger i Matthæusevangeliet 7:21: *"Ikke enhver, som siger: Herre, Herre! til mig, skal komme ind i Himmeriget, men kun den, der gør min himmelske faders vilje."* Og i Matthæusevangeliet 13:49-50: *"Således skal det gå ved verdens ende: Englene skal gå ud og skille de onde fra de retfærdige og kaste dem i ovnen med ild. Der skal være gråd og tænderskæren."* De retfærdige henviser her til de troende. Det betyder, at Gud vil skille avnerne fra hveden blandt de troende. Selv om man tager imod Jesus Kristus og går i kirke, er man alligevel ond, hvis ikke man følger Guds vilje. Så er man kun avner, som skal kastes i helvedes ild.

Gud skaberen fortæller os om sit hjerte, forsynet for den menneskelige kultivering og det sande formål med livet gennem Bibelen. Han vil, at vi skal kultivere os som gode redskaber og have hjerter med en god karakter, sådan at vi bliver Guds sande børn – hveden i himmeriget. Men utallige mennesker i verden forfølger meningsløse ting og er fulde af synd og lovløshed. Det skyldes, at de kontrolleres af deres sjæl.

Sjælens dannelse
(Sjælens virke i det fysiske rum)

Hvor kommer menneskets tanker fra?

Trives min sjæl?

"Vi nedbryder tankebygninger
og alt, som trodsigt rejser sig
mod kundskaben om Gud,
vi gør enhver tanke til en lydig fange
hos Kristus,
og vi er rede til at straffe enhver ulydighed,
når lydigheden hos jer først har sejret."
- Andet Korintherbrev 10:5-6

Kapitel 1
Sjælens dannelse

Fra det tidspunkt, hvor menneskets sjæl døde,
overtog sjælen pladsen som menneskets hersker i det fysiske rum.
Sjælen kom under Satans indflydelse,
og mennesket var underlagt sjælens virke.

1. Definitionen af sjæl

2. Sjælens virke i det fysiske rum

3. Mørke

Vi oplever Guds skabelses under, når vi ser på skabninger som f.eks. flagermus, som finder deres bytte ved hjælp af et ekkolydsystem, eller når vi se på laksen og de forskellige fugle, som rejser tusindvis af kilometer for at komme tilbage til deres fødested for at lægge æg, og spætten, som hakker på træet næsten tusind gange på bare ét minut.

Mennesket er blevet skabt til at underlægge sig alle disse ting. Dog er mennesket rent fysisk ikke nær så stærkt som en løve eller en tiger. Vores hørelse og lugtesans er ikke så skarp som hundenes. Ikke desto mindre er vi herrer over alle skabningerne.

Det skyldes vores ånd og væres evne til ræsonnement, som kræver en udviklet hjerneaktivitet. Mennesket er intelligent, og har udviklet civilisation og videnskab til at herske over alle ting. Dette er den tænkende del af mennesket, som har relation til sjælen.

1. Definitionen af sjæl

Sjælen består af forskellige dele: Hjernens
hukommelsessystem; den viden, som ligger i hukommelsen,
og de tanker som kommer ved at genkalde sig den lagrede
viden.

Det er nødvendigt for os at have en klar forståelse af forholdet
mellem ånd, sjæl og krop, hvis vi vil have indsigt i sjælens virke.
Derved kan vi også få sjælen til at fungere på den måde, som Gud
ønsker. For at undgå at blive kontrolleret af Satan gennem sjælen,
må vi gøre vores ånd til hersker, og lade den regere over sjælen.

I ordbogen Merriam-Webster defineres ordet "sjæl" som
"den ikke-materielle essens, det livgivende princip eller den
igangsættende årsag til det individuelle liv; det åndelige princip
som tager bolig i mennesker, alle rationelle og åndelige væsener,
eller universet." Men den bibelske betydning af "sjæl" er en
anden.

Gud har givet menneskehjernen et hukommelsessystem.
Hjernen har blandt andet den funktion at huske. På den måde kan
menneske lægge ny viden ind i hukommelse for senere at hente
den frem igen. Når det sker, kaldes det "tænkning." Tænkning
er dermed at huske de ting, der er blevet lagt i hukommelsen.
Hukommelsessystemet, den indlagte viden og genkaldelsen af
denne viden kaldes til sammen "sjæl."

Menneskets sjæl kan sammenlignes med en computer, som

oplagrer viden, foretager søgninger, og bruger resultaterne til et formål. Sjælen findes for at vi kan huske og tænke, og den er derfor vigtig for menneskets hjerte.

Hukommelsens styrke eller intelligensen er forskellige fra person til person. Den afhænger af, hvad man har set, hørt, og lagt ind i hukommelsen samt hvor godt man husker og bruger denne information. Intelligenskvotienten eller IQ bestemmes i høj grad af arv, men den kan forandres af forskellige faktorer såsom studier og oplevelser. Selv om to personer fødes med samme intelligens, så kan deres IQ blive forskellige, alt efter hvor meget de anstrenger sig.

Sjælens virke er vigtigt

Sjælens virke afhænger i høj grad af, hvilken form for indhold, vil lægger ind i hukommelsessystemet. Folk ser, hører og føler, og husker mange forskellige ting hver dag. Senere genkalder de sig disse ting for at planlægge fremtiden, ræsonnerer og skelne mellem rigtigt og forkert.

Kroppen er et redskab, som indeholder sjælen og ånden. Sjælen spiller en vigtig rolle i dannelsen af karakteren, personligheden og bedømmelsesgrundlaget gennem den funktion, vi kalder "tænkning." Et mennesket succes eller fejlslag i livet afhænger i høj grad af sjælens virke.

Det følgende er en beretning om en hændelse, som fandt sted i en lille by ved navn Kodamuri, der ligger 110 km sydvest for

Kolkata i Indien, i 1920. Pastor Singh og hans kone arbejdede i denne by som missionær, og fra de lokale beboere hørte de historier om monstre, der lignede mennesker, og som levede i en hule sammen med ulvene. Da paster Singh fangede disse "monstre" så han, at der var tale om to pigebørn.

Ifølge Pastor Singhs dagbøger var pigerne kun mennesker af udseende. Hele deres adfærd var ligesom ulvenes. Den ene af dem døde hurtigt, men den anden pige fik navnet Gamara, og boede hos Singh-familien i ni år, hvorefter hun døde af en blodforgiftning ved navn uræmi.

I sin korte levetid plejede Gamara at sætte sig med ansigtet mod muren i et mørkt rum, hvorefter hun ville falde i søvn uden at røre på sig. Men om natten kravlede hun rundt i huset og hylede højt, når hun hørte ulvene hyle udenfor. Hun slikkede maden i sig uden at bruge hænderne. Og hun løb rundt på alle fire ligesom en ulv. Når de andre børn nærmede sig hende, viste hun tænder med en knurren og løb væk.

Familien Singh forsøgte at få ulvepigen til at opføre sig som et rigtigt menneske, men det var ikke let. Først efter tre år begyndte hun at spise med hænderne, og efter fem år begyndte hun at have ansigtsudtryk, som stemte overens med tristhed og glæde. Da Gamara nærmede sig sin død, var hun stadig kun i stand til at udtrykke de helt grundlæggende følelser, på samme måde som en hund logrer med halen for at udtrykke glæde over at gense deres ejer.

Denne historie fortæller os at menneskets sjæl har en direkte indflydelse på vores menneskelighed. Gamara havde under sig opvækst kun kendskab til ulvenes adfærd. Da hun ikke havde adgang til den viden, der er nødvendig for mennesker, kunne hendes sjæl ikke udvikles. Hun blev opfostret af ulve, og kunne derfor kun opføre sig som en ulv.

Forskellen på mennesker og dyr

Mennesket består af ånd, sjæl og krop. Den vigtigste af disse er ånden. Menneskets ånd gives af Gud, som er ånd, og den kan ikke udslukkes. Kroppen dør og bliver til en håndfuld støv, men ånden og sjælen forbliver, og de kommer enten i himlen eller i helvede.

Da Gud skabte dyrene, gav han dem ikke sin ånde ligesom med mennesket, så dyrene består kun af en krop og en sjæl. De har også et hukommelsessystem i hjernen, og de kan huske det, de har set og hørt i løbet af deres tilværelse. Men da de ikke har nogen ånd, har de heller ikke noget åndeligt hjerte. Det, de ser og hører, ligger kun i hukommelsesenhedens hjerneceller.

I Prædikerens Bog 3:21 står der: *"Ingen kan vide, om menneskenes livsånde stiger op, og om dyrenes livsånde stiger ned i jorden."* Der tales her om menneskets livsånde. Denne "ånde" repræsenterer menneskets sjæl, og ordet bliver brugt på denne måde i det Gamle Testamente fordi ånden i mennesket var død før Jesus kom til denne jord. Så uanset om de blev frelst eller ej, så sagde de, at deres "livsånde" eller "sjæl" forlod dem, når de døde. At menneskets sjæl "stiger op" betyder, at den ikke forsvinder, men kommer enten i himlen eller helvede. Omvendt vil dyrenes sjæl stige ned i jorden, hvilket betyder at den udslukkes. Hjernecellerne dør samme med dyret, og hjernens indhold ophører dermed også med at eksistere. Sjælen har ikke længere noget virke. I nogle myter eller historier er der sorte katte eller slanger, som hævner sig på folk, men disse historier kan ikke anses for sande.

Sjælen har et virke hos dyrene, men det er begrænset til det, der er nødvendigt for deres overlevelse. Virket er et resultat af deres instinkter. De frygter rent instinktivt at dø. De kan gøre modstand eller vise frygt, når de bliver truet, men de kan ikke hævne sig. Dyr har ikke nogen ånd, så de kan aldrig søge Gud. Skulle fiskene så tænke over, hvordan de møder Gud, mens de svømmer rundt? Mennesket har derimod en helt anden virkemåde i sjælen, og den er langt mere kompliceret end dyrenes. Mennesket har evnen til at tænke over ting, som ikke er rent instinktive eller drejer sig om overlevelse. Vi kan danne civilisationer, tænke over meningen med livet, eller udvikle filosofiske og religiøse tanker.

Hos mennesker virker sjælen i en højere dimension, fordi mennesket ud over en krop og en sjæl også er blevet givet en ånd. Selv de mennesker, som ikke tror på Gud, har en ånd. Det er derfor, de ofte har en vag fornemmelse af det åndelige rige, og frygter livet efter døden. Når ånden er, som var den død, bliver man fuldkommen kontrolleret af sjælen. Og så begår man synder og vil dermed i sidste ende komme i helvede.

Sjælelige mennesker

Da Adam blev skabt, var han et åndelige væsen, som kommunikerede med Gud. Hans ånd var nemlig herre over ham, og sjælen var som en tjener, der adlød ånden. Selv da havde sjælen naturligvis den funktion at huske og tænke, men da der hverken var usandhed eller onde tanker, fulgte sjælen de instruktioner, den fik af ånden, og som var i overensstemmelse med Guds ord. Men efter at Adam spiste af kundskabens træ og hans ånd døde, blev han et sjæleligt menneske, som var kontrolleret af Satan. Han fik usande tanker og handlinger. Mennesket fjernede sig mere og mere fra sandheden, for Satan kontrollerede deres sjæle og førte dem på usandhedens vej. Derfor er sjælelige mennesker dem, hvis ånd er død, og som ikke kan modtage åndelig viden fra Gud.

Sjælelige mennesker kan ikke blive frelst. Det var det, der skete for Ananias og Safira i den tidlige menighed. De troede på Gud, men havde ikke sand tro. Så de blev opildnet af djævlen til at lyve for Helligånden og Gud. Og hvad skete der så med dem?

I Apostlenes Gerninger 5:4-5 står der: *""Det er ikke mennesker, men Gud, du har løjet for." Da Ananias hørte disse ord, faldt han om og udåndede; og alle, der hørte om det, blev grebet af stor frygt."*

Da der kun står, at han "udåndede", kan vi udlede, at han ikke blev frelst. Omvendt var Stefanus et åndeligt menneske, som adlød Guds vilje. Hans kærlighed var så stor, at han bad for de mennesker, som stenede ham. Og han overgav sin "ånd" til Herrens hænder, da han blev martyr.

I Apostlenes Gerninger 7:59 står der: *"Så stenede de Stefanus, mens han bad: "Herre Jesus, tag imod min ånd!""* Han fik Helligånden ved at tage imod Jesus Kristus, og hans ånd var blevet frelst. Derfor bad han: "Tag imod min ånd!." Det betyder, at han blev frelst. Der er også et vers, hvor der står "liv" i stedet for sjæl eller ånd. Da Elias genoplivede enken Sareptas barn, fortæller Bibelen, at livet vendte tilbage i drengen: *"Herren hørte Elias' bøn, og livet vendte tilbage i drengen, så han blev levende"* (Første Kongebog 17:22).

Som nævnt fik folk ikke Helligånden i gammeltestamentlig tid, og deres ånd kunne derfor ikke genoplives. Derfor bruger Bibelen ikke ordet "ånd", selv om barnet blev frelst.

Hvorfor befalede Gud, at amalekitterne skulle ødelægges?

Da Israels sønner kom ud af Egypten og marcherede mod Kanaʻan, stod amalekitternes hær i vejen for dem. De var ikke bange for Gud, som var med Israels sønner, selv om de havde hørt om de store gerninger, som Guds havde manifesteret i Egypten. De angreb Israels sønner og huggede bagtroppen ned, alle dem, der var sakket bagud, da de var udmattede og trætte (Femte Mosebog 25:17-18).

Gud befalede kong Saul at ødelægge alle amalekitter af samme grund (Første Samuelsbog kapitel 15). Gud befalede ham at dræbe alle mænd, kvinder og børn, gamle og unge, og endda dyreholdet. Hvis vi ikke har en åndelig forståelse, kan vi ikke forstå dette bud. Man kan måske tænke: "Gud er god og han er kærlighed. Hvorfor giver han så en befaling om at slå et helt folk ned, som var de dyr?"

Men hvis man forstår den åndelige betydning af denne hændelse, kan man også forstå, hvorfor Gud gav denne befaling. Dyr har også en hukommelse, så de kan optrænes til at huske og adlyde deres herre. Men da de ikke har nogen ånd, vil de vende tilbage til støvet. De har ingen værdi i Guds øjne. På samme måde vil de døde ånder og de, som ikke kan frelses, falde i helvede, og på samme måde som dyrene uden ånd er de værdiløse for Gud.

Amalekitterne var ovenud stærke og ondskabsfulde. Uanset hvor meget tid, de fik, ville der ikke være nogen mulighed for at de omvendte sig eller angrede. Hvis der havde været nogen blandt dem, som var retfærdig, eller nogen, som havde mulighed for at angre eller omvende sig, ville Gud have forsøgt at frelse dem på alle måder. Husk at Gud lovede, at han ville undlade at ødelægge de syndefulde byer Sodoma og Gomorra, hvis bare der var ti retfærdige mennesker i byerne.

Gud er nådefuld, og han er lang tid om at blive vred. Men amalekitterne ville ikke have haft nogen som helst chance for at blive frelst, uanset hvor lang tid, de havde fået. De var ikke hvede, men avner, som ville falde i ødelæggelsen. Derfor befalede Gud at alle de amalekitter, som havde rejst sig mod ham, skulle ødelægges.

I Prædikerens Bog 3:18 står der: *"Jeg tænkte: Gud har udskilt menneskene, for at de skal indse, at de ikke er andet end dyr."* Da Gud testede dem, var de ikke andet end dyr. Hos de mennesker, hvor ånden er død, er det kun sjælen og kroppen, der fungerer, så de opfører sig som dyr. I nutidens syndefulde verden er der naturligvis mange mennesker, som er endnu værre end dyr. Det er helt indlysende, at de ikke kan blive frelst. Når dyrene dør, forsvinder de bare. Men de mennesker, der ikke bliver frelst, kommer i helvede. I sidste ende er de langt værre stillet end dyrene.

2. Sjælens virke i det fysiske rum

I det oprindelige menneske var ånden menneskets hersker, men på grund af Adams synd døde hans ånd. Den åndelige energi begyndte at løbe ud af ham, og den blev erstattet af kødelig energi. Fra da af begyndte den del af sjælens virke, som tilhører usandheden.

Sjælen virker på to måder. Den ene hører til kødet, og den anden hører til ånden. Da Adam var en levende ånd, blev han kun påvirket af sandheden, som kom direkte fra Gud. På denne måde hørte hans sjæls virke også kun til ånden. Det vil sige, at dens virke var en del af sandheden. Men da hans ånd døde, begyndte et sjæleligt virke, som tilhørte usandheden.

I Lukasevangeliet 4:6 står der: *"Og [djævlen] sagde til ham: Dig vil jeg give al denne magt og herlighed, for den er overgivet til mig, og jeg giver den, til hvem jeg vil."* I denne scene tester djævlen Jesus. Djævlen siger, at magten er blevet ham overgivet, og det betyder, at han ikke havde den fra starten. Adam var skab til at herske over alle skabninger, men han blev slave af djævlen, fordi han adlød synden. Derfor blev Adams magt overgivet til djævlen og Satan. Og fra da af blev sjælen menneskets hersker, og alle mennesker blev underlagt den fjendtlige djævels og Satans herredømme.

Satan kan ikke herske over ånden eller det sandfærdige menneskehjerte. Han kontrollerer menneskets sjæl for at stjæle deres hjerter. Satan putter forskellige former for usandhed ind i

91

vores tænkning. I den udstrækning, han påvirker sjælens virke, kan han også kontrollere menneskenes hjerter. Da Adam var en levende ånd, havde han kun viden om sandheden, og hans hjerte stemte derfor overens med hans ånd. Men da kommunikationen med Gud blev ødelagt, fik han ikke længere viden om sandheden, og heller ingen åndelig energi. I stedet begyndte han at acceptere den usande viden som Satan gav ham gennem sjælen. Denne usande viden blev til den usande del af menneskenes hjerte.

Ødelæg sjælens kødelige virke

Er du nogle gange pludselig kommet til at sige eller gøre noget, som du aldrig havde forestillet dig, at du ville sige eller gøre? Det skyldes, at mennesket er kontrolleret af sjælen. Da sjælen dækker over ånden, kan vores ånd kun være aktiv, når vi ødelægger sjælens kødelige virke. Så hvordan gør vi det? Det vigtigste er at anerkende, at vores viden og vores ideer ikke er korrekte. Først da kan vi begynde at tage imod sandhedens ord, som er anderledes end vores egne ideer.

Jesus brugte lignelser til at nedbryde menneskets fejlagtige ideer (Matthæusevangeliet 13:34). Menneskerne kunne ikke forstå de åndelige ting, fordi deres livssæd var blevet kvalt af sjælen, så Jesus forsøgte at lade dem forstå gennem lignelser, som omhandlede ting fra vores hverdag. Men hverken farisæerne eller hans disciple forstod ham. De tolkede alt ud fra deres egne rigide

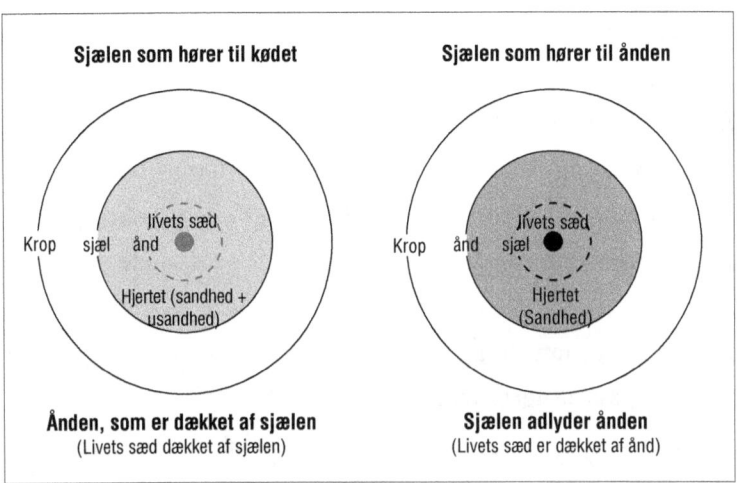

Sjælen som hører til kødet	Sjælen som hører til ånden
Krop sjæl ånd livets sæd Hjertet (sandhed + usandhed)	Krop ånd sjæl livets sæd Hjertet (Sandhed)
Ånden, som er dækket af sjælen (Livets sæd dækket af sjælen)	**Sjælen adlyder ånden** (Livets sæd er dækket af ånd)

ideer og kødelige, usande tanker, og var ikke i stand til at forstå de åndelige anliggender.

Datidens lovkyndige fordømte Jesus for at helbrede en syg mand på sabbatsdagen. Men hvis man bruger sin sunde fornuft, kan man se, at Jesus var et menneske, som anerkendte og elskede Gud, og at han kun kunne virke, som han gjorde, ved hjælp af Guds kraft. De lovkyndige forstod dog ikke Guds hjerte, og tænkte i stedet på de ældres traditioner og deres egne mentale tankebygninger. Jesus forsøgte at lade dem forstå, at deres ideer og selvopfattelser var forkerte.

I Lukasevangeliet 13:15-16 står der: *"Da svarede Herren ham: "I hyklere, vil ikke hver eneste af jer løse sin okse eller sit æsel fra krybben og trække dem hen og vande dem, selv om det er sabbat? Men denne Abrahams datter, som Satan har holdt bundet i hele atten år, burde hun ikke løses af denne lænke på sabbatten?""*

Da han sagde det, blev alle hans modstandere gjort til skamme, og hele skaren glædede sig over alle de herlige ting, han gjorde. Så alle fik en mulighed for at indse, at deres tankebygninger var forkerte. Jesus forsøgte at nedbryde de menneskelige tanker, for folk kunne først åbne deres hjerte, når tankerne ikke længere var i vejen.

Lad os se på Johannesåbenbaringen 3:20, hvor der står:

Se, jeg står ved døren og banker på; hører nogen mig og åbner døren, vil jeg gå ind til ham og holde måltid med ham og han med mig.

I dette vers symboliserer døren tankernes port, som er "sjælen." Herren banker på vores tankers dør gennem vores tanker. Hvis vi nedbryder vores sjæl og tager imod Herrens ord, vil døren til vores hjerte åbnes. På denne måde vil vi begynde at praktisere Guds ord, når det kommer ind i vores hjerte. Det er at "holde måltid" med Herren. Hvis vi tager imod hans ord med "amen", selv om det ikke stemmer overens med vores tanker og teorier, så kan vi nedbryde sjælens usande virke.

Som forklaret må vi først åbne døren til vores tanker og derefter døren til vores hjerter, sådan at budskabet kan nå frem til livets sæd, der er omgivet af menneskets sjæl. Det minder om en gæst,

som besøger et hus. Hvis gæsten skal have mulighed for at komme
ind i huset og møde værten, skal han åbne porten til haven, gå op
til huset, og åbne døren til huset for at komme ind i stuen.

Der er mange måder til at nedbryde den kødelige del af
sjælens virke. Hvis folk skal åbne deres tankers dør, så deres hjerte
kan tage imod budskabet, er det for nogle bedst at få logiske
forklaringer, mens det for andre er bedst at opleve Guds kraft eller
lære gennem gode lignelser. Vi nedbryder konstant sjælens usande
virke for at vokse i troen, selv om vi allerede har taget imod
budskabet. Der er mange troende, som ikke fortsætter deres vækst
i troen og ånden. Det skyldes, at de ikke får konstante åndelige
indsigter på grund af, at deres sjæl virker på kødelige måder.

Dannelsen af minder

Hvis vores sjæle skal virke på den ønskelige måde, må vi vide,
hvordan den viden, som lægges ind i hukommelsen, forbliver der
som minder. Nogle gange ser eller hører vi noget, men senere kan
vi dårlig nok huske noget om det. Omvendt er der andre ting,
som vi husker helt klart, og som vi ikke glemmer uanset hvor
lang tid, der går. Denne forskel skyldes de forskellige metoder, vi
bruger til at lagre tingene i vores hukommelsessystem.

Den første metode er at opleve noget under adspredelse. Vi
ser eller hører noget, men fokuserer ikke vores opmærksomhed
på det. Lad os antage, at vi tager med toget for at besøge vores

fødeby. Vi ser markerne med hvede og andre afgrøder. Men hvis vi tænker over andre anliggender, vil vi ikke huske noget af det, vi har set undervejs, når først vi når frem til fødebyen. Eller hvis de studerende dagdrømmer under forelæsningerne, vil de ikke kunne huske noget af undervisningen, når de er færdige med timen.

For det andet er der den tilfældige hukommelse. Når man ser hvedemarkerne udenfor vinduet, kan man relatere det til sine forældre. Man kan tænke på sin far, som er bonde, når man ser marken, og senere kan man vagt huske, hvad man har set. Eller i klassen kan de studerende helt tilfældigt huske, hvad læreren har sagt. Men de husker det kun lige efter klassen, og efter et par dage er det glemt igen.

For det tredje er der den indplantede hukommelse. Hvis man er bonde, vil man være opmærksom, når man ser en mark med hvede eller andre afgrøder. Man kigger omhyggeligt på, om markerne er velpassede, hvordan drivhusene er indrettede osv., og man vil evt. senere bruge samme principper i sin egen dyrkning. Man er opmærksom og indplanter det i hjernen, sådan at man kan huske hver en detalje, når man komme hjem til sig selv. Eller lad os forestille os, at en lærer siger til de studerende: "Der vil være en prøve umiddelbart efter denne klasse. Der vil blive trukket fem point fra for ethvert forkert svar." Så vil de studerende forsøge at koncentrere sig og huske det, der bliver undervist i. Denne form for hukommelse vil vare forholdsvis længere end de tidligere omtalte.

For det fjerde er der indplantning i både hjerne og hjerte. Lad os forestille os, at vi ser en sørgelig film. Vi har empati med skuespilleren og sætter os så meget ind i historien, at vi kommer til at græde. I dette tilfælde vil historien blive indplantet i både hukommelsen og hjertet. Den indplantes nemlig i hjertet via følelserne, og i hjernecellerne via hukommelsen. De ting, som på kraftfuld vis lægges ind i både hukommelsen og hjertet, vil blive der med mindre hjernecellerne beskadiges. Og selv om hjernen tager skade, vil det, der er i hjertet, bestå.

Hvis et lille barn ser sin mor blive dræbt i et trafikuheld, vil det blive voldsomt chokeret! I dette tilfælde vil hændelsen og de sorgfulde følelser blive indplantet i hans hjerte. Det indplantes både i hans hukommelse og hjerte, og det vil være vanskeligt for ham at glemme det. Vi har nu set på de fire måder at huske på. Hvis vi forstår dette til fulde, vil det hjælpe os med at kontrollere sjælens virke.

Ting man helst vil glemme, men konstant bliver mindet om.

Til tider mindes vi konstant nogle ting, som vi egentlig helst vil glemme. Hvad er årsagen til det? Det skyldes, at mindet er indplantet i både hjernen og hjertet sammen med følelserne.

Lad os antage, at vi føler had overfor et bestemt menneske. Når som helst, vi tænker på ham, vil vi selv lide under vores had. I dette tilfælde bør vi tænke over Guds ord. Gud fortæller os, at vi skal elske selv vores fjender, og Jesus bad om tilgivelse af de mennesker, der korsfæstede ham. Den slags hjerte, Gud ønsker, er godhed og kærlighed, så vi må rive usandheden fra den fjendtlige djævel og Satan op med rod.

Hvis vi ser nærmere op årsagen til vores had, vil vi i de fleste tilfælde opdage, at vi hader andre på grund af bagateller. Vi kan indse, at vi ikke adlyder Guds ord, hvis vi reflekterer over os selv med Første Korintherbrev kapitel 13, hvor der står, at vi skal søge andres vinding, og være blide og forstående overfor andre. I takt med at vi indser, at vi ikke handler med retfærdighed, vil hadet i vores hjerte gradvis smelte bort. Og hvis vi fra starten føler og indplanter godhed, vil vi ikke have nøde at lide under onde tanker. Selv om andre gør noget, vi ikke bryder os om, vil vi ikke føle had overfor dem, så længe vi holder os til godheden og tænker: "De må have en årsag til at gøre sådan."

Vi bør vide, hvad der er indplantet sammen med usandheden

Så hvad skal vi gøre med den usandhed, der allerede er indplantet sammen med de usande følelser?

Hvis noget bestemt er indplantet dybt i vores hjertet, vil vi blive mindet om det, selv om vi ikke bevidst forsøger at tænke på det. I dette tilfælde bør vi ændre de følelser, der er relateret til sagen. I stedet for at forsøge ikke at tænke over det, skal vi ændre tanken. Vi kan for eksempel ændre vores tænkning om et menneske, vi hader. Vi kan begynde at se sagen fra hans synspunkt og forstå, hvorfor han handlede, som han gjorde, under de givne omstændigheder. Vi kan også tænke over hans gode sider og bede for ham. Hvis vi forsøger at tale til ham med varme og trøstende ord, give ham små gaver og udvise kærlige handlinger, vil de hadefulde følelser blive til kærlighed. Og så vil vi ikke længere lide, når vi tænker på vedkommende.

Før jeg tog imod Herren, var jeg bundet til sygesengen i syv år, og jeg hadede mange mennesker. Der var ingen behandling for mig, og jeg havde ikke længere noget håb. Vores gæld voksede, og min familie var knust. Min kone måtte arbejde for at tjene penge, og mine slægtninge tog ikke imod min familie, fordi vi var en byrde for dem.

Det gode forhold til mine søskende var også ødelagt. På daværende tidspunkt havde jeg kun tanke for min egen vanskelige situation, og jeg bar nag, fordi de havde forsaget mig. Jeg bar også nag overfor min kone, som ofte pakkede sine ting og forlod mig, og overfor hendes familie, som sårede mine følelser med deres hårde ord. Og når jeg så, hvordan de betragtede mig med foragt, blev mit had og nag endnu større. Men en dag forsvandt både hadet og naget.

Da jeg tog imod Herren og lyttede til Guds ord, indså jeg min fejl. Gud fortæller os, at vi skal elske vores fjender, og han gav sin enbårne søn som sonoffer for os. Så hvilken slags menneske var jeg da, at jeg følte had og bar nag! Jeg begyndte at tænke over sagen fra deres synsvinkel. Hvad nu hvis jeg selv havde en søster, der var blevet gift med en fuldstændig uduelig mand. Hvis nu hun måtte arbejde hårdt for at tjene penge, hvad ville jeg så synes om det? Da jeg begyndte at tænke over sagen fra deres synsvinkel, forstod jeg dem, og jeg indså, at det hele havde været min fejl.

Efterhånden som jeg ændrede min tænkning, blev jeg taknemmelig overfor min kones familie. Til tider gav de os ris eller andre livsnødvendige ting, og det var jeg taknemmelig for. Under disse vanskelige tider tog jeg imod Herren og lærte himlen at kende, og det var jeg også taknemmelig for. I takt med at jeg ændrede min tænkemåde, blev jeg taknemmelig for, at jeg var blevet syg og havde mødt min kone. Alt mit had blev forvandlet til kærlighed.

Sjælens usande virke

Hvis sjælens virke er usandt, kan man skade ikke bare sig selv, men også andre mennesker omkring sig. Så lad os undersøge de mest almindelige tilfælde af sjælens usande virke med eksempler fra vores daglige liv.

Første eksempel er at misforstå andre eller være ude af stand til at forstå eller acceptere dem

Folk har forskellig smag, værdier og forestillinger om, hvad der er rigtigt. Nogle mennesker kan lide tøj med et unikt design, mens andre bedst kan lide simple og klassiske ting. Hvis mange mennesker ser den samme film, er der nogen, der finder den interessant, mens andre synes, den er kedelig.

På grund af disse forskelle kan vi føle et vist ubehag overfor andre mennesker, som er meget forskellige fra os selv, uden at vi bliver helt bevidste om det. Nogle mennesker er udadvendte og åbne, og taler direkte om de ting, de ikke kan lide. Andre har svært ved at udtrykke deres følelser, og er længe om at beslutte sig, fordi de overvejer alle muligheder i detaljer. For den første vil det virke som om, den anden er langsom og mangler fleksibilitet. Den anden vil omvendt synes, at den første er pågående og aggressiv, og han vil have lyst til at undgå ham.

Ligesom i dette eksempel er der tale om sjælens usande virke, når vi ikke er i stand til at forstå eller acceptere andre. Hvis vi kun bryder os om det, vi selv kan lide, og hvis vi kun overvejer de muligheder, som virker rigtige for os, så kan vi ikke for alvor forstå eller acceptere andre.

Andet eksempel er at dømme andre

At dømme er at konkludere noget om en person eller en ting, udelukkende baseret på vores egne tankebygninger eller følelser.

101

I nogle lande er det uhøfligt at pudse næse, når man sidder ved middagsbordet. I andre lande er det helt i orden. I nogle lande er det uhøfligt at efterlade rester af maden, mens de i andre lande er acceptabelt, eller måske endda opfattes som det mest høflige ikke at spise op.

En mand så engang en anden, som spiste med hænderne, og spurgte ham, om ikke det var uhygiejnisk. Den anden svarede: "Jeg vasker mine hænder, så jeg ved, det er en hygiejnisk måde at spise på. Omvendt ved jeg ikke, om gaffel og kniv er rene. Så det er mest hygiejnisk at spise med hænderne." Vores tanker og følelser afhænger af det miljø, vi er opvokset i, og det, vi har lært. Så selv om der er tale om samme situation, kan vi bedømme forskelligt. Derfor må vi ikke skelne mellem rigtigt og forkert med en menneskelig standart, for den er ikke sand.

Nogle mennesker, som dømmer, tænker at andre ville gøre det samme som dem selv. De mennesker, som lyver, tror, at andre gør det samme. De, som nyder at sladre, tror, at alle gør det.

Lad os antage, at vi ser en mand og en kvinde, som vi kender, der står samme udenfor et hotel. Så kan vi måske dømme dem og tænke, at de må have været sammen på hotellet, og at de så på hinanden på en helt speciel måde.

Men vi kan ikke på nogen måde vide, om manden og kvinden har drukket en kop kaffe sammen i hotellets cafe, eller om de måske har mødt hinanden på gaden. Hvis vi dømmer og fordømmer dem og udbreder vores tanker til andre mennesker, kan vi være skyld i at disse mennesker lider under alvorlig uretfærdighed, eller at vi skader dem med vores falske rygter.

Bedømmelser kan også medføre irrelevante svar. Hvis en person ofte kommer for sent på arbejde, og vi spørger ham, hvad tid han er kommet i dag, kan han finde på at sige: "I dag er jeg ikke kommet for sent." Vi spørger ham kun, hvad tid, han er kommet, men han antager straks, at vi dømmer ham og svarer derfor med et fuldkommen irrelevant svar.

I Første Korintherbrev 4:5 står der: "Fæld derfor ikke dom før tiden, før Herren kommer! Han skal bringe for lyset, hvad der er skjult i mørket, og åbenbare, hvad hjerterne vil. Da skal enhver få sin ros fra Gud."

Der er mange tilfælde af bedømmelse og fordømmelse i denne verden, ikke kun på et individuelt niveau, men også i familier, i samfundet, i politik og endda lande imellem. Denne ondskab kan kun skabe strid og medføre ulykke. Mange mennesker lever med konstant bedømmelse, men de indser det ikke selv. Til tider kan deres vurdering naturligvis være korrekt, men i de fleste tilfælde er den fejlagtig. Og selv om de har ret, så er det ondt at bedømme, og det er blevet forbudt os af Gud, så vi må ikke fælde dom.

Tredje eksempel er fordømmelse

Folk ikke alene dømmer andre ud fra deres egne tanker; til tider fordømmer de dem også. Nogle menneske har alvorlige mentale problemer på grund af fjendtlige kommentarer om dem via internettet. I vores dagligdag er det almindeligt at dømme og fordømme. Hvis en, vi kender, går forbi os uden at hilse på os, så fordømmer vi ham måske, fordi vi tror, han har ignoreret os med vilje. Men det er også muligt, at han bare ikke kunne genkende os eller at han har gået og spekuleret over andre ting. Alligevel vil vi ofte fordømme ham på baggrund af vores følelser.

Derfor advares vi i Jakobsbrevet 4:11-12:

Bagtal ikke hinanden, brødre. Den, der bagtaler sin broder eller dømmer sin broder, bagtaler loven og dømmer den; men dømmer du loven, der du ikke dens gører, men dens dommer. Der er kun én, der er lovgiver og dommer, det er ham, som kan frelse og lade gå fortabt; men du, hvem er du, som dømmer din næste?

At dømme og fordømme er arrogant, fordi man opfører sig som Gud. De mennesker, som gør det, har allerede fordømt sig selv. Og det er et endnu mere alvorligt problem at dømme eller fordømme åndelige ting. Nogle mennesker fordømmer Guds kraftfulde gerninger eller hans forsyn på baggrund af deres tankebygninger eller viden.

Når nogen siger: "Jeg er blevet helbredt for en uhelbredelig sygdom gennem bøn!", så vil de mennesker, som har gode hjerter, tro det. Men andre vil dømme det, der bliver sagt, og tænke: "Hvordan kan en sygdom helbredes alene ved bøn? Der må have været tale om en fejldiagnose, eller måske tror han bare, at han har fået det bedre." Andre vil måske tro, at der er tale om en løgn. Folk dømmer og fordømmer ligefrem Bibelens optegnelser om, hvordan det Røde Hav blev skilt, solen og månen stod stille, og det bitre vand blev til ferskvand. Mange tror, at der er tale om myter.

Nogle mennesker siger, at de tror på Gud, men alligevel dømmer og fordømmer de Helligåndens gerning. Hvis en anden fortæller, at hans spirituelle øjne er blevet åbnet, så han kan se det åndelige rige, eller at han kommunikerer med Gud, så vil disse mennesker påstå, at han tager fejl, eller at der er tale om mysticisme. Disse gerninger er optegnet i Bibelen, men nogle mennesker fordømmer dem på baggrund af deres egne personlige tankebygninger.

Der var mange af den slags mennesker på Jesu tid. Da Jesus helbredte de syge på en sabbatsdag, burde disse mennesker have fokuseret på at Guds kraft var blevet manifesteret gennem Jesus. Hvis helbredelsen ikke var sket i overensstemmelse med Gud vilje, ville gerningen slet ikke have fundet sted. Men farisæerne dømte og fordømte Jesus, Guds søn, på baggrund af deres selvopfattelse og tankebygninger. Hvis man dømmer og fordømmer Guds gerning, så er det en alvorlig synd, selv om man har et mangelfuldt kendskab til sandheden. Man må være meget forsigtig, for man vil ikke få muligheden for at angre, hvis man taler imod Helligånden eller spotter den.

Det fjerde eksempel på sjælens usande virke er at overlevere fejlfulde eller forkerte beskeder

Når vi overleverer en besked, har vi en tendens til at lægge vores egne følelser og tanker i den og dermed fordreje beskeden. Selv om vi overleverer præcis den samme besked, kan den oprindelige mening blive fordrejet af vores ansigtsudtryk og stemmeføring. Hvis vi for eksempel hilser på nogen med et ord som "Hej!", vil hilsenen have helt forskellige betydninger alt efter om vi taler med en venlig og blød stemme, eller om vi hilser med hårdhed og vrede. Og hvis vi ikke er i stand til at overlevere beskeden med præcis de samme ord, men i stedet viderebringer den med egne ord, så kan den oprindelige betydning ofte bliver fordrejet.

I vores dagligliv kan vi se mange eksempler på sådanne overdrivelser eller forkortelse af det, der er blevet sagt. Til tider bliver sammenhængen forandret fuldkommen. "Ikke sandt?" kan blive til "Det er da sandt, er det ikke?" og "Vi planlægger at..." eller "Vi vil måske..." kan blive til "Det ser ud som om, vi vil..."

Men hvis vi har sandfærdige hjerter, vil vi ikke fordreje faktum med vores egen tænkning. Vi vil være i stand til at overlevere beskeder mere præcist i den udstrækning, vi skiller os af med ondskaben i vores hjerter og karakter. Vi skal holde op med at søge egen vinding, anstrenge os for at være præcise, undlade at dømme for hurtigt, og lade være med at bagtale andre. Johannesevangeliet 21:18 fortæller om Herre Jesus ord vedrørende Peters martyrium: *Sandelig, sandelig siger jeg*

*dig: Da du var ung, bandt du dig selv op og gik, hvorhen du
ville; men når du bliver gammel, skal du strække dine arme
ud, og en anden skal binde op om dig og føre dig hen, hvor du
vil.* " Så blev Peter nysgerrig omkring Johannes og spurgte: *"Herre,
hvad så med ham?"* (vers 21) Så svarede Jesus: *"Hvis jeg vil, at
han skal leve, til jeg kommer, hvad angår det så dig? Følg du
mig!"* (vers 22) Hvordan tror I, at denne besked blev overleveret
til andre disciple? Bibelen fortæller, at disciplene sagde, de ikke
ville lyve. Og Jesus mente ikke, det var Peters anliggende om
Johannes skulle leve indtil Herrens genkomst. Men disciplene
viderebragte en helt anden besked på baggrund af deres egne
tanker.

Femte eksempel er negative eller hårde følelser

Vores kødelige, dårlige følelser såsom skuffelse, såret stolthed,
jalousi, vrede og fjendskab medfører at sjælen virker på en usand
måde. Selv om vi hører de samme ord, kan vores reaktioner være
forskellige alt afhængig af vores følelser.

Lad os forestille os at en virksomhedsleder siger til sin
medarbejder: "Kan du ikke gøre det bedre?", når han udpeger
en fejl. I denne situation vil nogle mennesker modtage beskeden
med sagtmodighed, smile og sige: "Jo, jeg skal nok forsøge at
gøre det bedre næste gang." Men andre vil brokke sig over lederen
og bære nag over kommentaren. De vil måske tænke: "Behøver

107

han virkelig tale så hårdt?" eller "Og hvad med ham selv? Han er da heller ikke for god til sit arbejde."

Eller vores leder kan rådgive os og sige: "Jeg tror, det vil være bedre, hvis du retter denne del på denne måde." Nogle af os vil ganske simpelt acceptere det og sige: "Det er også en god ide. Tak for rådet!", og derefter tage kommentaren med i vores overvejelser. Andre vil få det dårligt og føle, at deres stolthed bliver såret. På grund af disse dårlige følelser vil de til tider beklage sig og tænke: "Jeg har gjort mit bedste for at føre det godt, så hvordan kan han uden videre rette mig? Og hvis han er så dygtig, hvorfor gør han det så ikke selv?"

I Bibelen kan vi læse at Jesus irettesætter Peter (Matthæusevangeliet 16:23). Da den tid kom, hvor Jesus skulle tage korset, lod han sine disciple vide, at det ville ske. Peter ville ikke se sin mester lide i så stor grad, og sagde: *"Gud bevare dig, Herre, sådan må det aldrig gå dig!"* (vers 22)

Men Jesus forsøgte ikke at trøste ham eller sige: "Jeg forstår, hvordan du har det. Og det er jeg taknemmelig for. Men jeg må gøre det." I stedet irettesatte ham Peter med ordene: *"Vig bag mig, Satan! Du vil bringe mig til fald. For du vil ikke, hvad Gud vil, men hvad mennesker vil"* (vers 23).

Vejen til frelse kunne kun åbne for synderne, når Jesus tog korsets lidelser, og hvis det blev forhindret, ville det være det samme som at forhindre Guds forsyn. Men Peter havde ikke nogle negative følelser eller beklagelser overfor Jesus, for han havde tiltro til, at hvad som helst, Jesus sagde, havde en bestemt betydning. Peter havde et godt hjerte, og han blev senere en apostel, som udrettede forbløffende gerninger med Guds kraft.

Og hvad skete der omvendt med Judas Iskariot? I Matthæusevangeliet 26 hælder Maria fra Betania en krukke med kostbar olie ud over Jesus. Judas mente, at det var spild. Han sagde: *"Denne olie kunne jo være solgt for mange penge og givet til de fattige"* (vers 9). Men han ville rent faktisk stjæle pengene. Men Jesus roste Maria for at have handlet i overensstemmelse med Guds forsyn, som var at forberede ham til sin begravelse. Ikke desto mindre havde Judas stadig negative følelser og beklagede sig overfor Jesus, fordi han ikke anerkendte hans ord. Og til sidst begik han den store synd at bedrage Jesus for penge.

I dag virker sjælen udenfor sandheden for mange mennesker. Men selv om vi oplever bestemte ting, vil sjælen kun kunne virke på denne måde, hvis vi har følelser omkring det, vi ser. Når vi ser noget, kan vi stoppe processen på dette niveau. Vi skal ikke bruge vores tænkning for at dømme eller fordømme, for det er en synd. Hvis vi vil holde os indenfor sandheden, er det bedst ikke at se eller høre noget usandt. Men selv om vi kommer i kontakt med usandheden, kan vi holde os til godheden ved kun at tænke og føle det gode.

3. Mørke

Satan har den samme magt over mørket som Lucifer, og kan opildne folk til at have onde tanker, onde hjerter eller handle med ondskab.

Det er de onde ånder, som får sjælen til at virke på usande måder. Gud har ladet de onde ånders verden eksistere for at opfylde forsynet for den menneskelige kultivering. De har magt over luften, mens den menneskelige kultivering står på. I Efeserbrevet 2:2 står der: *"... som I før vandrede i, da I lod jer bestemme af denne verdens tidsalder og af ham, som hersker over luftens rige, den ånd, der stadig virker i ulydighedens børn."*

Gud lader dem kontrollere mørket indtil det tidspunkt, hvor han sætter en stopper for den menneskelige kultivering.

De onde ånder, som tilhører mørket, bedrager folk til at begå synder og rejse sig mod Gud. De agerer under strenge ordrer. Deres overhoved, Lucifer, kontrollerer mørket, giver ordrer og kontrollerer de underordnede onde ånder. Der er mange andre væsener, som hjælper Lucifer. Der er for eksempel drager, som har en praktisk kraft, og deres engle (Ref. Johannesåbenbaringen 12:7). Der er også Satan, djævlen og dæmonerne.

Lucifer, overhovedet i mørkets verden

Lucifer var en ærkeengel, som priste Gud med sin smukke

stemme og med musikinstrumenter. Hun havde en høj stilling med stor magt, og hun var elsket af Gud i lang, lang tid. Men til sidste blev hun arrogant og bedrog Gud. Fra da af blev hendes smukke ydre ændret, og hun blev frygtelig grim. I Esajas' Bog 14:12 står der: *"Tænk, at du faldt fra himlen, du strålende morgenstjerne! Du er slynget til jorden, du som besejrede folkene."*

I dag efterligner folk Lucifers ydre med hensyn til frisure og make-up uden selv at være klar over det. Gennem verdens moder og tendenser kontrollere Lucifer folks sind og tanker, som hun vil. Hun har særlig stor indflydelse på den verdslige musik. Hun opildner folk til synd og lovløshed gennem de moderne bekvemmeligheder inklusiv computere. Hun bedrager onde regenter til at rejse sig mod Gud. Nogle lande forfølger officielt de kristne. Alt dette sker gennem Lucifers motivation og opildnen.

Desuden frister Lucifer folk til forskellige former for trolddom og magi, og narrer shamaner og troldmænd til at tilbede hende. Hun gør sit bedste for at lede bare én sjæl mere mod helvede og få folk til at rejse sig mod Gud.

Dragerne og deres engle

Dragerne fungerer som ledere for de onde ånder under Lucifer. Folk tror, at drager er fantasivæsener. Men de eksisterer i de onde ånders verden. De er bare usynlige, fordi de er åndelige væsener. Almindeligvis har de horn som rådyr, dæmonøjne og ører ligesom køer. De har skællet hud og fire ben. Og de ligner store krybdyr.

På skabelsens tid havde dragerne lange, smukke fjer. De opholdt sig rundt om Guds trone, og var hans elskede kæledyr. De havde stor magt, og havde adskillige underordnede keruber. Men da de bedrog Gud sammen med Lucifer, gik deres engle også i fordærv og rejste sig mod Gud. Disse drageengle har nu også et ydre som ækle dyr. De har luftens magt sammen med deres drager og fører folk mod synd og ondskab.

Det er naturligvis Lucifer, som står øverst i de onde ånders verden, men i rent praktiske forhold har hun givet magten til dragerne og deres engle, sådan at de kan kæmpe mod de åndelige væsener, som tilhører Gud. Dragerne har i lang tid opildnet folk til at lave figurer eller billeder af drager, sådan at de kunne blive tilbedt. I dag er der religioner, som helt åbenlyst tilbeder drager, og disse lader sig kontrollere af drager.

I Johannesåbenbaringen 12:7-9 står der om drager og de engle, som følger dem:

Og der blev krig i himlen. Mikael og hans engle gik i krig med dragen, og dragen og dens engle tog kampen op, men kunne ikke stå sig, og de havde ikke længere deres plads i himlen. Den blev styrtet, den store drage, den gamle slange, som hedder Djævelen og Satan, og som forfører verden – styrtet til jorden, og dens engle blev styrtet ned sammen med den.

Dragerne opildner onde mennesker gennem deres engle. Sådanne onde mennesker vil ikke stå tilbage for noget, og kan endda begå så vederstyggelige forbrydelser som mord og menneskehandel. Dragernes engle har de dyreformer, som nævnes i Tredje Mosebog, og som er afskyelige for Gud. Ondskaben vil åbenbarer sig på forskellige måder alt efter hvilket dyr, der er tale om, for hvert dyr har forskellige karakterer såsom grusomhed, bedrag, smudsighed eller promiskuøsitet. Lucifer fungerer gennem dragerne, og deres engle følger deres ordrer. Hvis man sammenligner med et land, er Lucifer ligesom kongen, dragerne er ligesom statsministeren eller de øverstkommanderende for hæren, som har den administrative kontrol over ministrene eller soldaterne. Lucifer har plantet sine tanker og idéer hos dragerne, og de gør derfor helt automatisk alt i overensstemmelse med Lucifers ønsker.

Satan har Lucifers hjerte og kraft

De onde ånder kan påvirke mennesker i den grad, deres hjerter er besudlet af mørket, men dæmonerne og djævelen er ikke de første til at provokere folk. Først er det Satan, som øver indflydelse på folk, derefter er det djævelen, og til sidst er det dæmonerne. Sagt på en mere simpel måde er Satan Lucifers hjerte. Den har endnu ikke nogen fast form, men øver indflydelse på menneskenes tanker. Satan har den samme mørke magt

113

som Lucifer, og får folk til at have onde tanker og begå onde handlinger. Da Satan er et åndeligt væsen (Jobs Bog 1:6-7), virker han på forskellige måder alt efter folks mørke sider. De mennesker, som lyver, får en bedragende ånd (Første Kongebog 22:21-23). De, som skaber splid ved at sætte folk op mod hinanden, får flere af de samme indskydelser (Første Johannesbrev 4:6). De, som kan lide kødets smudsige gerninger, får en uren ånd (Johannesåbenbaringen 18:2).

Som forklaret har Lucifer, dragerne og Satan forskellige roller og forskellige former, og de udøver det onde på forskellig vis. Lad os nu se nærmere på, hvordan Satan påvirker folk. Satan er ligesom en radiobølge, der spreder sig i luften. Han udbreder konstant sit sind og sin kraft i luften. Og ligesom en radiobølge kan modtages af en modtager, som er indstillet til at fange den, vil Satans tanker og mørke kraft blive modtaget af de mennesker, som er indstillet på at tage imod dem. Modtageren er her usandheden og mørket i menneskehjertet.

For eksempel kan hadets natur i hjertet fungere som modtager for hadets bølge, der spredes i luften af Satan. Satan lægger mørkets magt ind i menneskets tanker ved at lade den usande bølge have den samme frekvens som usandheden i menneskehjertet. Derigennem bliver det usande hjerte styrket og aktiveret. Det er det, der sker, når vi siger at nogen "modtager Satans gerning" eller at han hører Satans stemme.

Når folk hører Satans stemme på denne måde, begynder

de at begå synder i tankerne, og senere vil de også begå dem i handling. Den onde natur såsom had eller misundelse modtager Satans gerninger og opildner lysten til at skade andre. Når denne tendens udvikles, kan folk ligefrem begå mord.

Satan virker gennem tankens passage

Menneskets har et sandt og et usandt hjerte. Når vi tager imod Jesus Kristus og bliver Guds børn, kommer Helligånden ind i vores hjerter og bevæger det sande hjerte. Det betyder, at vi hører Helligåndens stemme i hjertets indre. Omvendt virker Satan udefra, og har derfor brug for en passage for at komme ind i menneskehjertet. Denne passage er menneskets tanker.

Vi mennesker tager imod de ting, vi ser, hører og lærer sammen med følelser, og vi oplagrer dem i sindet og hjertet. I bestemte situationer og under bestemte omstændigheder vil disse minder blive hentet frem. Så er der tale om "tanker." Tankerne afhænger af de følelser, vi havde, da vi lagrede dem i hukommelsen. Selv om der er tale om præcis den samme situation, så vil nogle mennesker kun lagre de sande ting, og dermed have sande tanker, mens andre vil lagre usandhed og dermed have usande tanker.

De fleste mennesker lærer ikke sandhedens ord fra Gud. Derfor har de langt mere usandhed end sandhed i deres hjerter. Satan motiverer og opildner folk til at have usande tanker. De kaldes også "kødelige tanker." Når folk modtager Satans gerning, kan de ikke adlyde Guds lov. De bliver syndens slaver og når i sidste ende døden (Romerbrevet 6:16; 8:6-7).

Hvordan får Satan kontrol over menneskets hjerte?

Generelt virker Satan udefra gennem passagen, som er menneskets tanker, men der er også undtagelser. For eksempel siger Bibelen, at Satan gik ind i Judas Iskariot, som var en af Herre Jesu tolv disciple. At Satan gik ind i ham betyder her, at han konstant modtog Satans gerning, og til sidst gav hele sit hjerte til Satan. Dermed blev han fuldkommen fanget af Satan.

Judas Iskariot oplevede Guds forbløffende kraft, og mens han fulgte Jesus, blev han belært med godhed, men da han ikke skilte sig af med sin grådighed, stjal han Guds penge fra pengekassen (Johannesevangeliet 12:6).

Han var også grådig på andre måder, og forsøgte at opnå ære og magt når Messias, Jesus, skulle tage tronen på denne jord. Men virkeligheden var en anden end den, han havde forventet, og hans tanker blev overtaget af Satan en efter en. Til sidst var hele hans hjerte blevet fanget af Satan, og så solgte han sin mester for tredive sølvskillinger. Vi siger, at Satan går ind i nogen, når han har fuld kontrol over individets hjerte.

I Apostlenes Gerninger 5:3 siger Peter at Ananias' og Safiras hjerter er opfyldt af Satan, fordi de har gemt en del af pengene fra salget af deres jord og dermed lyver for Helligånden.

Peter sagde dette, fordi der havde været mange lignende

situationer forud. At Satan "går ind i" eller "opfylder" folk betyder dermed, at disse mennesker har Satan i deres hjerte og at de selv er blevet ligesom Satan. Når vi ser med åndelige øjne ligner Satan en mørk tåge. Mørkets energi, der er som en mørk røg, omgiver de mennesker, som modtager Satans gerning i høj grad. For at undgå at modtage Satans gerning, må vi først og fremmest skille os af med alle usande tanker. Desuden må vi trække det usande hjerte op med rod. Det betyder, at vi skiller os af med den "modtager", som opfanger Satans "radiobølge."

Djævle og dæmoner

Djævlene er en del af de engle, som blev fordærvet sammen med Lucifer. Til forskel fra Satan har de en form. Der er tale om en mørk figur med ansigt, øjne, næse, ører og mund, ligesom engle. Og de har også både hænder og fødder. Djævlene bevæger folk til at begå synder og giver dem forskellige prøver og trængsler.

Men det betyder ikke at djævlene går ind i folk. På Satans ordre kontrollere djævlen de mennesker, som har givet deres hjerter til mørket, og de får dem til at gøre det onde og uacceptable. Og til tider kontrollere djævlen et bestemt menneske direkte, som om det var et instrument. De mennesker, som har solgt deres ånd til djævlen, såsom troldmænd og spåkoner, bliver kontrolleret af djævlen og fungere som djævlens instrumenter. De får også andre mennesker til at udføre djævlens gerning. Derfor står der i Bibelen, at de, som begår synder, tilhører djævlen

117

(Johannesevangeliet 8:44; Første Johannesbrev 3:8).

I Johannesevangeliet 6:70 står der: *"Jesus svarede dem:* *"Har jeg ikke selv udvalgt jer tolv, og dog er en af jer en djævel?"* Jesus talte om Judas Iskariot, som ville sælge ham. Et menneske, som er blevet slave af synden, kan ikke blive frelst, for han er djævlens barn. Da Satan gik ind i Judas og tog kontrol over hans hjerte, begik han djævelens gerning, som var at sælge Jesus. Djævelen er som en mellemleder, der modtager Satans instruktioner, og kontrollerer mange dæmoner, som får folk til at blive syge, lide eller falde dybere ned i ondskaben. Satan, djævlene og dæmonerne har et hierarki, men de samarbejder nært. For det første virker Satan gennem menneskets usande tanker og åbner derfor døren for djævelen. Derefter begynder djævelen at påvirke folk for at få dem til at begå kødelige gerninger og andre djævlegerninger. Satan fungerer gennem tankerne, og djævlens gerninger får folk til at omsætte de onde tanker til handlinger. Når de onde handlinger overskrider en vis grænse, vil dæmonerne hurtigt gå ind i de pågældende personer. Hvis først det sker, mister folk deres frie vilje og bliver ligesom dukker for dæmonerne.

Det antydes i Bibelen, at dæmonerne er onde ånder, men at de er anderledes end de faldne engle og Lucifer (Salmernes Bog 106:28; Esajas' Bog 8:19; Apostlenes Gerninger 16:16-19; Første Korintherbrev 10:20). Dæmonerne var oprindelig mennesker, som havde ånd, sjæl og krop. Nogle af de mennesker, som lever på jorden og dør uden frelse, kommer tilbage til denne verden under specielle omstændigheder og er dæmoner. De fleste mennesker har ikke nogen klar forestilling om onde ånder. Men de onde ånder forsøger at få folk på ødelæggelsens vej indtil den sidste dag, som fastsættes af Gud. Derfor står der i Første Petersbrev 5:8: *"Vær årvågne og på vagt! Jeres modstander, Djævelen, går omkring som en brølende løve og leder efter nogen at sluge."* Og i Efeserbrevet 6:12 står der: *"Thi for os står kampen ikke mod kød og blod, men mod myndigheder og magter, mod verdensherskerne i dette mørke, mod ondskabens åndemagter i himmelrummet."*

Vi skal være årvågne og på vagt til enhver tid, for vi kan ikke undgå at falde ind på dødens vej, hvis vi lader os lede af mørket.

Kapitel 2

Selvet

Selvretfærdigheden dannes, når vi oplæres i denne verdens usandhed,
som om det var sandheden. Selvretfærdigheden skaber en mental tankebygning.
Og denne tankebygning forstærkes systematisk af den samme selvretfærdighed.

Indtil "Selvet" er dannet

Selvretfærdighed og tankebygninger

Sjælens virke i sandheden

Hver dag dør jeg

Før jeg tog imod Herren, kæmpede jeg hver dag med sygdom og min eneste fornøjelse var at læse romaner om kampsport. Disse historier handler som regel om hævn.

Det typiske plot er følgende: Hovedpersonens forældre bliver slået ihjel af en fjende, mens han er lille. Han undslipper med nød og næppe massakren ved hjælp af en tjener i huset. Under sin opvækst møder han en kampsportsmester. Derefter bliver han selv mester og hævner sig på fjenden, som har slået forældrene ihjel. Disse romaner fortæller, at det er retfærdigt og heroisk at gøre gengæld med risiko for eget liv. Men i Bibelen lærer Jesus os noget, der er helt anderledes end denne verdslige lærdom.

Jesus fortæller os i Matthæusevangeliet 5: 43-45: *"I har hørt, at der er sagt: "Du skal elske din næste og hade din fjende." Men jeg siger jer: Elsk jeres fjender og bed for dem, der forfølger jer, for at I må være jeres himmelske faders børn; for han lader sin sol stå op over onde og gode og lader det regne over retfærdige og uretfærdige."*

Jeg havde levet et godt og ærligt liv. De fleste mennesker ville sige, at jeg var den slags menneske, som "ikke behøver nogen lov." Men efter at jeg tog imod Herren og reflekterede over mig selv

121

gennem Guds ord, som jeg hørte prædiket ved et vækkelsesmøde, indså jeg at der i mit liv havde været mange ting, som var forkerte. Jeg skammede mig over mig selv, for jeg indså, at det sprog, jeg brugte, min adfærd, mine tanker og selv min samvittighed var forkert. Jeg angrede grundigt for Gud, idet jeg indså, at jeg havde levet et liv, som slet ikke var retfærdigt.

Siden da har jeg stræbt mod at indse min selvretfærdighed og mine personlige tankebygninger for at nedbryde dem. Jeg har benægtet det "selv", jeg havde før, og jeg anser det nu ikke for noget. Jeg har gendannet mit "selv" i overensstemmelse med sandheden, mens jeg har læst Bibelen. Jeg har fastet og bedt uden ophør for at skille mig af med usandhederne i mit hjerte. Resultatet har været, at jeg har mærket, hvordan ondskaben er forsvundet fra mig, og jeg er begyndt at høre Helligåndens stemme og modtage dens vejledning.

Indtil "Selvet" er dannet

Hvordan danner folk deres hjerter og etablerer deres værdier? For det første er der de arvelige faktorer. Børn ligner deres forældre. De arver forældrenes udseende, vaner, personlighed og andre karakteristika. I Korea siger man, at vi får forældrenes "blod." Der er nu ikke tale om blod, men derimod om livsenergi, eller "chi." "Chi" er krystalliseringen af hele den energi, som udgår fra kroppen. Jeg kender en familie, hvor sønnen har et modermærke over læben. Hans mor havde det samme modermærke på samme sted, men hun fik det fjernet. Selv om det blev fjernet, gik det alligevel i arv til hendes søn. Menneskets sæd og æg indeholder denne livsenergi. Det drejer sig ikke kun om den ydre fysiske fremtræden, men også om personlighed, temperament, intelligens og vaner. Hvis farens chi er stærkest på undfangelsestidspunktet, vil barnet ligne faren mest. Hvis morens er stærkest, vil barnet ligne moren mest. Derfor har ethvert barn sit eget hjerte.

Mange ting læres efterhånden som et menneske vokser og modner, og disse ting bliver også en del af hjertets mark. Folk begynder at danne deres "selv" omkring ved 5 års alderen på baggrund af de ting de ser, hører og lærer. Omkring de 12 år danner man en standart for bedømmelser. Om omkring 18 år begynder selvet at hærde. Men problemet er, at vi anser mange forkerte ting for at være sande og husker på dem, som om de var sande.

Vi lærer mange usande ting i denne verden. I skolen lærer vi naturligvis mange ting, som er nyttige og nødvendige i vores liv, men vi lærer også usande ting, som f.eks. Darwins evolutionisme. Når forældre opdrager deres børn, viser de dem også usande ting, som om de var sande. Lad os forestille os et barn, som har leget ude, og er blevet slået af et andet barn. I frustration kan forældrene måske sige sådan noget som: "Du spiser tre gange om dagen ligesom de andre børn, og du må være lige så stærk, så hvorfor bliver du slået? Hvis de slår dig bare én gang, så slå to gange tilbage! Har du ikke hænder og fødder ligesom alle de andre børn? Du må lære at passe på dig selv."

123

Børn bliver ofte nedgjort, hvis de bliver slået af deres venner.
Så hvilken form for samvittighed vil disse børn udvikle? De vil
føle, at de er tåbelige, og at det er forkert at lade de andre slå.
Hvis nogen slår dem, vil de tro, at de har ret til at slå dobbelt så meget
igen. Med andre ord lærer de noget, der rent faktisk er ondt, som
om det var godt.

Så hvordan vil forældre, som følger sandheden, opdrage deres
børn? De vil undersøge situationen og opdrage børnene med
godhed og sandhed, sådan at de kan have fred, så de vil sige noget
i stil med: "Min kære, du må forsøge at forstå dem. Og tænk efter
om du selv har gjort noget forkert. Gud fortæller os, at vi skal
overvinde ondskab med godhed."

Hvis børn altid opdrages med Guds ord i enhver situation,
vil de kunne udvikle en god og ordentlig samvittighed. Men i de
fleste tilfælde opdrager forældrene deres børn med usandheder
og løgne. Når forældrene lyver, vil børnene også lyve. Lad os
forestille os at telefonen ringer og datteren tager den. Hun
dækker røret med hånden, så den, der ringer, ikke kan høre
hende. Så siger hun: "Far, der er onkel Tom." Men faren svarer:
"Sig til ham, jeg ikke er hjemme."

Datteren spørger sin far, før hun giver ham telefonen, for
denne hændelse har ofte fundet sted førhen. Folk lærer mange
usande ting under deres opvækst, og derudover videreudvikler de
disse usandfærdigheder ved at dømme og fordømme ud fra deres
egne følelser. Dermed dannes en usandfærdig samvittighed.

Desuden er de fleste mennesker selvcentrerede. De går kun efter egen vinding og tror, at de selv har ret. Hvis andre menneskers ideer eller intentioner ikke stemmer overens med deres egne, tror de, at de andre tager fejl. Men de andre tænker på samme måde. Det er vanskeligt at nå til enighed med folk, der tænker på denne måde. Det gælder også for folk, som er tæt på hinanden, såsom mand og kone eller forældre og børn. De fleste mennesker danner deres "selv" på denne måde, og derfor bør man ikke insistere på at ens eget "selv" er det rigtige.

Selvretfærdighed og tankebygninger

Mange mennesker danner deres vurderingsstandart og værdisystem gennem et sjæleligt virke, som hører til usandheden. Konsekvensen er, at de lever med deres selvretfærdighed og deres tankebygninger, uden at tænke nærmere over det. Desuden er denne selvretfærdighed dannet med usandheder, som kommer fra verden, og som folk anser for sande. De mennesker, som har denne selvretfærdighed, vil ikke kun tro, at de selv har ret på grund af deres vurderingsgrundlag, men i deres selvretfærdighed vil de også forsøge at påtvinge andre mennesker deres egne meninger og overbevisninger.

Når denne selvretfærdighed hærdes, bliver den til en tankebygning. Med andre ord er tankebygningen en systematisk struktur af selvretfærdighed. Tankebygningerne er baseret på hvert menneskes individuelle personlighed, smag, manerer, teorier og tanker. I en situation, hvor der er to muligheder, vil den mulighed, man vælger, blive en tankebygning, hvis man insisterer på den og fastholder sit synspunkt. Derefter udvikles der en tendens til at være mere høflig og udvise større accept overfor dem, som har de samme prioriteter, personligheder og præferencer, men der er også en tendens til at være mindre tolerant overfor dem, som man ikke er enig med. Det skyldes den personlige tankebygning.

Tankebygningerne kan vise sig på forskellige måder i vores daglige liv. Et nygift par kan have skænderier over detaljer. Manden mener måske, at det er rigtigt at trykke tandpastaen ud fra bunden, mens kvinden bare trykker på et hvilket som helst sted. Hvis de begge insisterer på at gøre tingene på deres egen måde i denne situation, er det sandsynligt, at de vil få en konflikt. Det skyldes, at deres tankebygninger angående vaner er forskellige.

Lad os forestille os at en virksomhed har en en ansat, som selv udfører alt sit arbejde uden at få hjælp fra andre. Nogle mennesker har for vane at gøre alt alene, fordi de er vokset op i vanskelige omgivelser og har været nødt til at klare sig selv. Det behøver ikke skyldes, at de er arrogante. Så hvis man dømmer et sådant menneske som arrogant eller selvcentreret, vil det være en forkert vurdering.

I de fleste tilfælde vil både vores selvretfærdighed og vores personlige tankebygninger være fejlagtige set ud fra sandheden.

Fejlene kommer fra det usande hjerte, som ikke tjener andre og kun søger personlig vinding. Selv de troende har selvretfærdighed og tankebygninger, som de ikke har gjort sig bevidst om. De tror, de har lyttet til Guds ord og skilt sig af med synderne i en vis udstrækning, og at de kender sandheden. Denne opfattelse viser deres selvretfærdighed. De dømmer andre, som lever deres liv i troen. Og de sammenligner sig med andre, og tror, at de selv er bedst. Tidligere så de kun andre menneskers gode sider, men nu begynder de udelukkende at fokusere på deres fejl og mangler. De insisterer på deres egne meninger, men påstår, at de gør det for "Guds rige."

Nogle mennesker taler, som om de ved alt og er retfærdige. De taler altid om andre menneskers mangler og dømmer dem. De betyder, at de ikke kan se deres egne fejl, men kun andres.

Før vi forandrer os med sandheden er vi alle selvretfærdige og vi udvikler vores tankebygninger. I den udstrækning vi har ondskab i hjertet, vil vores sjæls virke tilhøre usandheden i stedet for sandheden. Resultatet er, at vi dømmer og fordømmer andre på baggrund af vores selvretfærdighed og tankebygninger. For at opnå åndelig vækst må vi anse alle vores tanker og teorier for at være uden værdi. Vi må nedbryde vores selvretfærdighed og tankebygninger, og kun lade vores sjæl virke indenfor sandheden.

Sjælens virke i sandheden

Vi kan have åndelige vækst og forandre os til Guds sande

børn, når vi ændrer vores sjælelige virke i usandheden til et
sjæleligt virke, der tilhører sandheden. Så hvad skal vi gøre for at
vores sjæl kan virke indenfor sandheden?

**Først og fremmest må vi erkende og skelne alt med
sandhedens standart.**

Folk har forskellige former for samvittighed, og rundt
omkring i verden er der også forskellige standarter alt efter tid,
sted og kultur. Selv om man handler korrekt, kan det blive anset
for ukorrekt af andre, som har anderledes værdier.

Folk danner deres værdier og opfattelse af acceptable manerer i
forskellige miljøer og kulturer, og derfor må vi ikke dømme andre
mennesker ud fra vores egen standart. Den eneste ultimative
standart, som vi kan bruge til at skelne mellem rigtigt og forkert,
sandhed fra usandhed, er Gud ord, som er sandheden selv.

Blandt de ting som verdslige mennesker anser for rigtigt og
ordentligt, er der ting, som stemmer overens med Bibelen, men
der er også mange andre ting, som ikke gør det. Lad os forestille
os, at en af vores venner har begået en forbrydelse, men at et
andet menneske er blevet uskyldigt anklaget for den. I dette
tilfælde vil de fleste menneske synes, at det er i orden ikke at
afsløre vennens skyld. Men hvis man ikke siger noget, når man
ved, at et uskyldigt menneske er blevet fejlagtigt beskyldt, kan
man ikke anses for et retfærdigt menneske i Guds øjne.

Før jeg kom til at tro på Gud, skete det, at jeg besøgte nogle bekendte ved spisetid og de spurgte mig, om jeg allerede havde spist. I disse tilfælde plejede jeg at sige: "Ja, jeg har allerede spist." Jeg tænkte aldrig på, at det var forkert, for jeg gjorde det jo af hensyn til det andet menneske. Men i åndelig forstand kan det være i plet i forhold til Gud, for det er ikke for alvor sandt, selv om det heller ikke er en synd. Da jeg indså det, begyndte jeg at bruge andre formuleringer såsom: "Jeg har ikke spist, men jeg har heller ikke lyst at spise lige nu."

Vi må lytte til sandhedens ord og fastholde det i vores hjerter, så vi kan erkende alt med sandheden. Vi bør læse Bibelen og skille os af med forkerte standarter, som vi har dannet med denne verdens usandhed. Uanset hvor vis en ting virker i denne verden, så bør vi skille os af med den, hvis den står i modstrid med Guds ord.

For det andet må vores følelser og emotioner stemme overens med sandheden, hvis sjælens virke skal være sandt.

Den måde, hvorpå vi tager ting til os, spiller en vigtig roller, når vi forsøger at få vores følelser til at stemme overens med sandheden. Jeg så engang en mor, som skældte sit barn ud med ordene: "Hvis du gør sådan, vil pastoren skælde dig ud!" Hun fik sit barn til at tro, at pastoren var en person, som man skulle frygte. Og et sådant barn vil være bange for pastorer og undgå dem i stedet for at holde sig til dem under sig opvækst.

For længe siden så jeg en film med følgende scene: En pige var gode venner med en elefant, og elefanten lagde tit sin snabel om pigens nakke. En dag mens pigen sov, kom der en giftig slange og lagde sig rundt om hendes hals. Hvis hun havde vidst, at det var en giftig slange, ville hun være blevet frygtelig bange. Men hendes øjne var lukkede, og i søvne tænkte hun, at det var elefantens snabel, så det overraskede hende overhovedet ikke. Hun oplevede det som en venlighed. Vores følelser afhænger i høj grad af vores tanker.

Følelserne bygger på vores tanker. Folk, som føler afsky overfor mider, orm og skolopendre, kan sagtens nyde smagen af kylling, selv om kyllingen har spist de førstnævnte dyr. Deraf kan vi se, hvordan vores følelser i bestemte situationer afhænger af vores tanker. Uanset hvilke mennesker, vi møder, og hvilken slags job, vi udfører, så bør vi altid tænke og føle på en god måde.

Frem for alt må vi altid se, høre og lære gode ting, sådan at vi kan tænke og føle det gode under alle forhold. Det gælder især i disse dage, hvor vi kan se hvad som helst gennem massemedier og på internettet. Der er mere ondskab, bedrag, selvcentrerethed, snedighed og snyderig omkring os nu end nogensinde før i verdenshistorien. Hvis vi skal holde os til sandheden, er det bedst så vidt muligt slet ikke at se, høre eller lære nogen af disse ting. Men skulle vi alligevel stå overfor dem, er det muligt for os at lærer disse ting i sandhed og godhed. "Hvordan?" vil læseren måske spørge!

Mennesker, som har hørt skræmmende historier om dæmoner eller vampyrer, mens de var små, vil for eksempel være bange for disse væsener, særligt hvis de er alene i mørket efter at have set en uhyggelig film. De ryster af skræk, hvis de hører en mærkelig lyd eller ser en flygtig skygge. Hvis de er alene, kan selv den mindste lille ting få dem til at gå i panik.

Men hvis vi lever i lyset, beskytter Guds os og de onde ånder kan ikke røre os. Tvært imod er de bange for det spirituelle lys, som udgår fra os. Hvis vi forstår dette, kan vi ændre vores måde at føle på. Når vi for alvor forstår, at der ikke er grund til at være bange for de onde ånder, vil vores følelser også forandres. Vi er i stand til at underlægge os mørkets verden, og selv om dæmonerne skulle dukke op, kan vi jage dem bort i Jesu Kristi navn.

Lad os se på endnu et tilfælde, hvor folk har upassende følelser. Jeg var på pilgrimsrejse med kirkens medlemmer for omkring 20 år siden. På et stadium i Grækenland var er en statue af en nøgen mand. Inskriptionen var en opfordring til motion og sport for sunde mennesker, som grundlaget for en sund nation. Jeg kunne tydelig se forskel på turisterne fra andre europæiske lande og dem fra vores kirke.

Nogle af de kvindelige medlemmer af kirken tog billeder foran statuen uden nogen problemer, men andre af dem rødmede. De undgik stedet, som om de havde set noget, de ikke burde have set. Grunden til, at de rødmede ved statuen, var, at de havde utro tanker. De havde upassende følelser omkring nøgenhed, og disse følelser blev fremprovokeret ved synet af statuen af den nøgne mand. Sådanne mennesker kan endda finde på at fordømme dem, som studerer statuen nøje. Men de europæiske turister blev tilsyneladende hverken generte eller havde andre upassende følelser. De kiggede på statuen og værdsætte den som et fremragende kunstværk.

I dette tilfælde bør man ikke fordømme de europæiske turister og sige, at de er skamløse. Hvis vi forstår forskellige kulturer og forandre de usande følelser til sande, vil vi hverken føle flovhed eller skam. Adam levede i nøgenhed, da han ikke havde nogen kødelig viden, for han havde ikke utroskab i sindet, og det var en smuk måde at leve på.

For de tredje skal vi ikke kun se tingene fra vores eget perspektiv, men også fra andres, hvis sjælens virke skal være sandt.

Hvis man kun ser ting og situationer ud fra sit eget synspunkt, egne oplevelser og egen tænkemåde, vil der være mange usande operationer i sjælens virke. Man vil sandsynligvis lægge noget til eller trække noget fra andre menneskers ord alt efter ens egne tanker. Og man vil misforstå, dømme, fordømme og give anledning til negative følelser.

Lad os forestille os et menneske, som er kommet til skade i en ulykke, og som klager meget over smerterne. De, som ikke har oplevet noget lignende, eller som har en højere smertetærskel kan måske tro, at den førstnævnte laver en værre ballade over et lille problem. Hvis man vurderer andre menneskers ord på baggrund af egne standpunkter og oplevelser, vil sjælen begynde at virke i usandhed. Men hvis man forsøger at forstå andres standpunkter, kan man forstå dem og få indsigt i det, de oplever. Og hvis man forstår andre mennesker og accepterer dem, vil man være i fred med alle. Der vil hverken være behov for had eller for andre ubehagelige følelser. Selv om man lider skade eller får problemer på grund af andre, vil man ikke hade dem, men i stedet elske dem og have medlidenhed med dem. Hvis man kender til Jesu kærlighed og ved, at han blev korsfæstet for os ved Guds medlidenhed, kan man elske selv sine fjender. Det var tilfældet med Stefanus. Selv mens han blev stenet til døden uden at have nogen skyld, følte han ikke had mod de mennesker, der stenede ham, men bad i stedet for dem.

Men til tider vil vi finde, at det ikke er så at let at have et sjæleligt virke i sandheden, som vi kunne ønske. Derfor må vi altid være årvågne omkring vores ord og handlinger, og forsøge at forandre det sjælelige virke i usandheden, sådan at det kommer til at tilhøre sandheden. Vores sjælelige virke kan blive sandt med Guds nåde og styrke samt ved Helligåndens hjælp, når vi beder og forsøger ihærdigt.

Hver dag dør jeg

Apostelen Paulus forfulgte i sin ungdom de kristne, fordi

han havde en stærk selvretfærdighed og tankebygning. Men efter han mødte Herren, indså han at hans selvretfærdighed og tankebygninger var forkerte, og han ydmygede sig selv i så høj grad, at han anså alt, hvad han ejede, for skarn. Han kæmpede i hjertet, fordi han indså, at ondskaben var tilstede i ham, og at det onde kæmpede mod den del af ham, som ville det gode (Romerbrevet 7:24).

Men han gav udtryk for sin taknemmelighed med tro på, at livets lov og Helligånden i Kristus Jesus ville sætte ham fri fra syndens lov og døden. I Romerbrevet 7:25 siger han: *"Men Gud ske tak ved Jesus Kristus, vor Herre! Med mit sind tjener jeg da Guds lov, men med kødet syndens lov."* Og i Første Korintherbrev 15:31: *"Ja, brødre, så sandt I er min stolthed i Jesus Kristus, vor Herre: Hver dag dør jeg."*

Han sagde: "Hver dag dør jeg", og det betyder, at han dagligt omskar sit hjerte. Han skilte sig nemlig af med sin usandhed såsom stolthed, selvfremhævelse, had, fordømmelse, vrede, arrogance og grådighed. Som han sagde, skilte han sig af med dem ved at kæmpe mod dem til sidste blodsdråbe. Gud gav ham nåde og styrke, og ved Helligåndens hjælp forandrede han sig til et åndeligt menneske, som kun havde sjæleligt virke i sandheden. Til sidst blev han en kraftfuld apostel, som udbredte budskabet og udførte mange tegn og gerninger.

Kapitel 3
Kødets ting

Nogle mennesker begår synder såsom misundelse, jalousi, fordømmelse og utroskab i deres sind. De kommer ikke til udtryk udadtil, men begås på grund af folks syndefulde egenskaber.

Kød og kroppens gerninger

Betydningen af "kødet er skrøbeligt"

Kødets ting: Synder begået i sindet

Kødets lyst

Øjnenes lyst

Pral med jordisk gods

For de mennesker, hvis ånd er død, bliver sjælen hersker og regerer over deres krop. Lad os antage, at vi er tørstige og gerne vil have noget at drikke. Så vil sjælen befale hånden at tage et glas og føre det til munden. Men hvis nogen i samme øjeblik begynder at fornærme os og vi blive vrede, kan vi måske komme til at ødelægge glasset. Hvordan kan vi betegne denne form for sjæleligt virke?

Det der sker er, at Satan opildner den del af sjælen, der tilhører kødet. Mennesker modtager den fjendtlige djævels og Satans gerninger i den udstrækning, de har usandhed i sig. Hvis de tager imod Satans gerninger, vil de have usande tanker, og hvis de tager imod djævlens gerninger, vil de have usande handlinger.

Tanken om at knuse glasset i vrede får vi af Satan, og hvis vi rent faktisk udfører den og ødelægger glasset, så er der tale om djævlens gerning. Tanken kaldes en "kødelig ting", og handlingen kaldes en "kødelig gerning." Sjæleligt virke og handlinger, som tilhører usandheden, skyldes den syndefulde natur, som er blevet plantet i os af den fjendtlige djævel og Satan siden Adams fald, og som er blevet kombineret med menneskekroppen.

Kødet og kroppens gerninger

I Romerbrevet 8:13 står der: *"Hvis I lever i lydighed mod kødet, skal I dø, men hvis I ved Åndens hjælp dræber legemets gerninger, skal I leve."*

"I skal dø" henviser her til den evige død, som er Helvede. Ordet "kød" har derfor her en betydning, som ikke alene henviser til den fysiske krop. Det har også en spirituel betydning. Derefter står der, at hvis vi dræber kroppens gerninger ved Ånden, vil vi leve. Betyder det at vi skal skille os af med kropslige gerninger såsom at sætte os, lægge os, spise osv.? Nej, naturligvis ikke! Betegnelsen "krop" henviser her til den skal eller beholder, hvorfra den åndelige viden, som mennesket har fået af Gud, lækker ud. Hvis vi skal forstå den åndelige betydning af det, skal vi lære noget om, hvilken slags væsen Adam var.

Da Adam var en levende ånd, var hans krop værdifuld og uforgængelig. Han blev ikke ældre, og han kunne hverken dø eller forgå. Han havde en skinnende, smuk og åndelig krop. Hans adfærd var mere værdig end nogen adelig i denne verden. Men fra synden kom ind i ham, og som konsekvens af denne synd, blev hans krop uværdig på samme måde som dyrs.

Lad mig foretage en sammenligning. Hvis vi har en kop med væske, kan vi sammenligne koppen med kroppen og væsken med vores ånd. Den samme kop kan have forskellige værdi alt efter hvilken form for væske, den indeholder. Sådan var det også med Adams krop.

Da Adam var en levende ånd, havde han kun sand viden såsom kærlighed, godhed, sandfærdighed, retfærdighed og lys, som var givet af Gud. Men da hans ånd døde, og den sande viden lækkede ud af ham, begyndte han at tage imod de kødelige ting, som han fik fra den fjendtlige djævel og Satan. Han forandrede sig som følge af den usandhed, der blev en del af ham. Der står at kroppens gerninger dræbes ved Åndens hjælp. I dette tilfælde henviser "kroppens gerninger" til de handlinger, som kommer fra kroppen kombineret med usandheden.

For eksempel er der folk, som knytter deres næver, smækker med dørene eller på andre ufine måder viser deres følelser, når de bliver vrede. Nogle mennesker taler grimt, uanset hvad de siger. Nogle mennesker ser på det modsatte køn med lyst og andre lever skørlevned.

Kroppens gerninger henviser ikke kun til de åbenlyse synder, men også til alle andre handlinger, som ikke er fuldkomne i Guds øjne. Når folk taler med andre, kan de ubevidst kritisere personer eller ting. Nogle mennesker taler meget højt, når de snakker med andre, så det lyder næsten som om, de skændes. Disse ting kan måske synes ubetydelige, men der er tale om gerninger, som kommer fra kroppen, der er blevet kombineret med usandheden.

I Bibelen ser man ofte ordet "kød." I Johannesevangeliet 1:14 bliver dette ord brugt i den bogstavelige betydning: "Og Ordet blev kød og tog bolig iblandt os, og vi så hans herlighed, en herlighed, som den Enbårne har den fra Faderen, fuld af nåde og sandhed." Men ordet benyttes oftere med en åndelig betydning.

I Romerbrevet 8:5 står der: *"De kødelige vil det kødelige, og de åndelige vil det åndelige."* Og i Romerbrevet 8:8 står der: *"De, som er i kødet, kan ikke være Gud til behag."*

Her bliver ordet "kød" brugt i den åndelige betydning, og henviser til den syndefulde natur kombineret med kroppen. Der er tale om en kombination af den syndefulde natur med den krop, hvorfra den sande viden er lækket ud. Den fjendtlige djævel og Satan plantede forskellige former for syndefuld natur i mennesket, og de blev integreret i kroppen. De viser sig ikke umiddelbart som handlinger, men er egenskaber, som er tilstede i menneske, og kan komme til udtryk som handlinger til enhver tid.

Når vi taler om de kødelige egenskaber, siger vi at det er "kødets ting." Had, misundelse, jalousi, falskhed, snedighed, arrogance, vrede, fordømmelse, utroskab og grådighed er alle sammen "kød", og der kan henvises til hver af den som en "kødelig ting."

Betydningen af "kødet er skrøbeligt"

Da Jesus bad i Getsemanes have, faldt disciplene i søvn. Jesus irettesatte Peter og sagde: *"Våg, og bed om ikke at falde i fristelse. Ånden er rede, men kødet er skrøbeligt"*

(Matthæusevangeliet 26:41). Men det betyder ikke, at disciplenes kroppe var skrøbelige. Peter var robust bygget, og han havde været fisker. Så hvad betyder det at "kødet er skrøbeligt"?

Det betyder, at da Peter endnu ikke havde fået Helligånden, var han et kødeligt menneske, som ikke fuldt ud havde skilt sig af med synderne, og som ikke havde kultiveret kroppen til at tilhøre ånden. Når et menneske skiller sig af med sine synder og går ind i ånden, bliver han nemlig et åndeligt og sandfærdigt menneske, og hans sjæl og krop vil blive underlagt ånden. Derfor kan man undgå at falde i søvn, selv om kroppen er træt, hvis man virkelig ønsker det af hjertets grund.

Men på daværende tidspunkt var Peter endnu ikke i ånden, og dermed kunne han ikke kontrollere de kødelige egenskaber såsom træthed og dovenskab. Så selv om han havde ønsket at holde sig vågen, kunne han ikke have gjort det. Han var underlagt sine fysiske begrænsninger. Og det er det, der menes med at kødet er skrøbeligt.

Men efter Jesu Kristi genoplivelse og himmelfart fik Peter Helligånden. Nu kunne han ikke alene kontrollere sine kødelige egenskaber, men også helbrede mange syge mennesker og endda genoplive de døde. Han udbredte budskabet med så stærk tro og stort mod, at han valgte at blive korsfæstet med hovedet nedad.

Jesus havde udbredt budskabet om Guds rige og helbredt folk dag og nat, selv om han hverken kunne spise eller sove ordentligt. Men det skyldtes, at hans ånd kontrollerede hans krop, så selv om han var træt, kunne han bede indtil hans sved blev som bloddråber, der fladt til jorden. Jesus havde hverken arvesynd eller selvbegået synd. Derfor kunne han kontrollere sin krop med ånden.

Nogle troende begår synder og giver undskyldninger såsom "Mit kød er skrøbeligt." Men de siger sådan, fordi de ikke kender den åndelige betydning af dette udtryk. Vi må forstå, at Jesus udgød sit blod på korset ikke alene for at forløse os fra vores synder, men også for at forløse os fra vores svaghed. Vi kan være sunde i ånd og krop og gøre ting, som normalt ligger udenfor den menneskelige formåen, hvis vi bare har tro og adlyder Guds ord. Desuden kan vi få Helligåndens hjælp, og så bør vi ikke sige, at vi ikke kan bede, eller at vi ikke havde nogen anden mulighed end at begå synder, fordi kødet er skrøbeligt.

Kødets ting: Synder begået i sindet

Hvis folk har kød, det vil sige hvis de har en syndefuld natur, som er integreret i deres krop, så begår de ikke kun synder i sindet, men også i handling. Hvis de har falske egenskaber, vil de snyde andre i vanskelige situationer. Og hvis de begår synderne i hjertet, og ikke i handling, er der tale om "kødets ting."

Lad os forestille os, at vi ser et smukt smykke, som tilhører vores nabo. Hvis vi overhovedet overvejer at tage det eller stjæle det, så begår vi synder i hjertet. De fleste mennesker vil ikke anse det for at være en synd, men Gud ransager hjertet, og den fjendtlige djævel og Satan kender mennesket, så de vil anklage os for denne synd, som tilhører de kødelige ting.

I Matthæusevangeliet 5:28 siger Jesus: *"Men jeg siger jer: Enhver, som kaster et lystent blik på en andens hustru, har allerede begået ægteskabsbrud med hende i sit hjerte."* Og i Første Johannesbrev 3:15 står der: *"Enhver, som hader sin broder, er en morder, og I ved, at ingen morder har evigt liv i sig."* Hvis man begår en synd i hjertet, betyder det at man lægger grunden for at begå den samme synd i handling.

Man kan smile og foregive at elske et andet menneske, selv om man rent faktisk hader det og har lyst til at slå det. Og hvis der sker noget, sådan at man ikke længere kan tolerere situationen, kan ens vrede komme til udtryk gennem skænderier eller slåskampe med vedkommende. Men hvis man skiller sig af med hadets syndefulde natur, vil man aldrig mere hade nogen, selv om de er skyld i mange problemer.

Som der står i Romerbrevet 8:13: *"Hvis I lever i lydighed mod kødet, skal I dø."* Hvis man ikke skiller sig af med kødets ting, vil man i sidste ende begå kødets gerninger. Ikke desto mindre står der også i skriften: *"men hvis I ved Åndens hjælp dræber legemets gerninger, skal I leve."* Så det er muligt at have gode og hellige gerninger, når man skiller sig af med kødets ting en efter en. Så hvordan kan vi hurtigt skille os af med kødets ting og gerninger?

I Romerbrevet 13:13-14 står der: "Lad os leve sømmeligt,

143

som det hører dagen til, ikke i svir og druk, ikke
løsagtigt og udsvævende, ikke i kiv og misundelse, men
iklæd jer Herren Jesus Kristus, og vær ikke optaget
af det kødelige, så det vækker begær." Og i Første
Johannesbrev 2:15-16 står der: "*Elsk ikke verden og heller ikke
det, som er i verden. Hvis nogen elsker verden, er Faderens
kærlighed ikke i ham; for alt det, som er i verden, kødets lyst
og øjnenes lyst og pral med jordisk gods, er ikke af Faderen,
men af verden.*"

Fra disse vers kan vi se, at alle ting i verden skyldes kødets lyst,
øjnenes lyst eller pral med jordisk gods. Lyst er den energikilde
som driver mennesker til at søge det forgængelige kød og tage
imod det. Der er tale om en stærk kraft, som får folk til at have
det godt med verden og elske den.

Lad os gå tilbage til den scene, hvor Eva blev fristet af slangen
i Første Mosebog 3:6: "*Kvinden så, at træet var godt at spise af
og tiltrækkende at se på, og at det også var godt at få indsigt
af, og hun tog af frugten og spiste. Hun gav den også til sin
mand, der var hos hende, og han spiste.*"

Slangen sagde til Eva, at hun kunne bliver som Gud. I det
øjeblik, hvor hun tog imod dette ord, kom den syndefulde natur
ind i hende, og tog bolig som kød. Så kom kødets lyst ind idet
hun så, at frugten var god at spise. Øjnenes lyst kom ind og hun
så, at træet var tiltrækkende at se på. Og pral med jordisk gods
kom ind da hun tænkte, at frugten var god at få indsigt af. Da Eva
tog imod denne lyst, fik hun lyst til at spise frugten, og det gjorde

hun så. Tidligere havde hun ikke haft nogen intention om at være ulydig overfor Gud ord, men da hendes lyst blev motiveret, fandt hun at frugten var godt at spise og tiltrækkende at se på. Da hun ville være ligesom Gud, blev hun ulydig overfor Gud. Kødets lyst, øjnenes lyst og pral med jordisk gods får os til at føle, at synder og ondskab er gode ting. Så giver det anledning til kødelige ting og i sidste ende kødelige gerninger. Derfor må vi først skille os af med disse tre former for lyst, når vi vil af med de kødelige ting. Så kan vi begynde at skille os af med selve kødet i vores hjerter.

Hvis Eva havde vist, hvor stor en smerte det ville forårsage at spise frugten, ville hun ikke have troet, at den var god at spise og tiltrækkende for øjnene. Hun ville i stedet have følt afsky ved at røre den eller bare se den, for slet ikke at tale om at spise den. På samme måde er det sådan, at hvis vi indser, hvor stor en smerte det vil give os at elske verden, og at det til få os til at falde i Helvedets straf, vil vi helt sikkert ikke elske verden. Når først vi indser, hvor værdiløse alle disse syndebesudlede verdslige ting er, kan vi let skille os af med vores kødelige lyst. Lad mig forklare dette nærmere.

Kødets lyst

Kødets lyst er den natur, så får os til at følge kødet og begå synder. Når vi har karakteristika såsom had, vrede, selviskhed, misundelse og stolthed, så kan kødets lyst blive opildnet. Hvis vi befinder os i en situation, hvor den syndefulde natur bliver opildnet, så vil interessen og nysgerrigheden vækkes. Det vil føre os til at tro, at synder er gode. I dette øjeblik vil kødets ting blive åbenbaret, og de vil udvikle sig til kødets gerninger.

Lad os for eksempel antage, at en ny i troen beslutter sig for at holde op med at drikke, men at han stadig har lyst til alkohol, som er en kødelig ting. Så vil kødets lyst til at drikke blive stimuleret, når han går ind i en bar eller et sted, hvor folk drikker. Dette udløser mandens lyst og får ham til rent fysisk at drikke og blive fuld.

Lad mig give et andet eksempel. Hvis vi har tendens til at dømme og fordømme andre, vil vi have lyst til at lytte til rygter om andre mennesker. Vi vil måske synes, at det er sjovt at høre og sprede rygter, og at bagtale andre mennesker. Hvis vi har vrede i os, og der er noget, som vi ikke bryder os om, vil vi føle, at det er forfriskende og godt at blive vrede på nogen af den grund. Vi vil finde, at det er smertefuld og uudholdeligt, hvis vi forsøger at kontrollere os og undgå at følge kødets karakteristika. Hvis vi har en stolt karakter, kan det også være en del af vores natur at prale af os selv. I vores stolthed kan vi også have lyst til at lade os tjene af andre, når vi følger kødets karakteristika. Hvis vi har lyst til at blive rige, forsøger vi at skabe velstand selv om det kan gå ud over andre mennesker og give dem problemer og lidelser. Og kødets lyst vil vokse i takt med at vi begår flere synder.

Men selv om et menneske er ny i troen og kun har svag tro, vil det være vanskeligt at stimulere kødets lyst, hvis han bede indtrængende, får nåde gennem trosfællesskabet og er fuld af

Helligånden. Selv om kødets lyst vækkes i et hjørne af hans sind, kan han straks uddrive den med sandheden. Men hvis han holder op med at bede og mister Helligåndens fylde, gør han plads for den fjendtlige djævel og Satan, sådan at de kan stimulere kødets lyst igen.

Så hvad er det, der er vigtigt, når man skal skille sig af med kødets lyst? Det er at have Helligåndens fylde, sådan at ønsket om at søge ånden vil være stærkere end ønsket om at søge kødet. Vi bør altid være årvågne rent åndeligt, som der står i Første Petersbrev 5:8: *"Vær årvågne og på vagt! Jeres modstander, Djævelen, går omkring som en brølende løve og leder efter nogen at sluge."* For at opnå det, må vi bede indtrængende uden ophør. Selv om vi har travlt med at udføre Guds arbejde, vil vi miste Helligåndens fylde, hvis vi holder op med at bede. Og så vil vejen blive åbnet for at kødets lyst kan blive stimuleret. På denne måde kan vi begå synder i sindet og derefter i handling. Derfor satte selv Jesus, Guds søn, et godt eksempel ved at bede uden ophør under sit liv på jorden. Han holdt aldrig op med at bede for at kommunikere med Faderen og udføre hans vilje.

Hvis man skiller sig af med synden og opnår hellighed, vil der naturligvis ikke opstå nogen kødelig lyst, og så vil man ikke være underlagt kødet og begå synder. Så de mennesker, som er hellige, vil ikke bede om at skille sig af med kødelige lyster, men derimod om at opnå Åndens fylde i større grad og at øge Guds rige.

Hvad gør vi, hvis vi har fået afføring på vores tøj? Vi nøjes ikke med at tørre den bort, men vasker også tøjet rent med sæbe, sådan at lugten forsvinder. Hvis der er en orm eller en mide på vores tøj, vil vi blive overraskede og ryste den af os med det samme. Men synderne i vores hjerte er langt mere smudsige end nogen form for afføring eller insekt. Som der står i Matthæusevangeliet 15:18: *"Men det, som kommer ud af munden, udgår fra hjertet, og det gør et menneske urent."* Disse ting skader menneskets inderste, og de skaber store lidelser.

Og hvad med en kvinde, der finder ud af, at hendes mand bedrager hende? Det vil være meget smertefuld for hende. Det samme gælder den anden vej rundt. Utroskab skaber skænderier og bryder familiefreden, eller kan endda være årsag til at familien opløses. Derfor bør vi hurtigt skille os af med kødets lyst, for den giver liv til synden og andre uønskede konsekvenser.

Øjnenes lyst

Øjnenes lyst stimulerer hjertet gennem synet og hørelsen, og får personen til at søge kødelige ting. Selv om den kaldes "øjnenes lyst", kan den også komme ind i menneskets hjerte gennem synet, hørelsen eller følelserne under opvæksten. Det man ser og hører vil nemlig bevæge hjertet og give anledning til følelser, som igen medfører "øjnenes lyst."

Hvis man tager imod det, man ser, med bestemte følelser, vil man have lignende følelser, når man ser noget lignende igen. Selv om man rent faktisk ikke ser det, men kun hører om en bestemt ting, vil man blive mindet om de tidligere oplevelser, sådan at øjnenes lyst vil blive stimuleret. Hvis man bliver ved med at tage imod øjnenes lyst, vil det motivere de kødelige lyster, og man vil i sidste ende begå synder.

Hvad skete der, da David så Batseba, Urias kone, tage bad? Han skilte sig ikke af med øjnenes lyst, men accepterede den, og gav dermed anledning til den kødelige lyst, som fik ham til at ønske at være sammen med kvinden. Til sidst lå han med hende og begik endda den synd at sende hendes mand Uria ud til slagets frontlinje, hvor han blev slået ihjel. Ved denne handling påkaldte David sig store trænglser.

Hvis vi ikke skiller os af med øjnenes lyst, bliver den ved med at stimulere den syndefulde natur i os. Hvis vi for eksempel ser obskøne materialer, motiverer det den syndefulde natur i det utro sind. Når vi ser med øjnene, kommer øjnenes lyst ind i os, og Satan driver vores tanker i usandhedens retning.

De mennesker, som tror på Gud, må ikke accepterer øjnenes lyst. Man må hverken se eller høre det, som ikke er sandt, og man bør ikke komme de steder, hvor man kommer i kontakt med usandheden. Uanset hvor meget man beder, faster og foretager nattelange bønner for at skille sig af med kødet, så vil de kødelige lyster blive stærkere og motiveres endnu mere, hvis ikke man skiller sig af med øjnenes lyst. Resultatet er, at det er vanskeligt at skille sig af med kødet, og man vil føle, at det er vanskeligt at kæmpe mod synderne.

I en krig vil det for eksempel være sådan, at hvis soldaterne, som er indenfor bymurene, får forsyninger udefra, så vil de til stadighed have styrke til at slås. Det vil ikke være let at angribe byen. Så for at overvinde denne by må vi først omringe den og ødelægge forsyningslinjerne, sådan at vores fjende hverken vil være i stand til at modtage mad eller våben. Hvis vi bliver ved med at angribe den omringede by, hvis fjenden i sidste ende blive ødelagt.

Hvis den fjendtlige magt i byen i dette eksempel er usandheden, særligt kødet i os, så vil de forstærkninger, der kommer udefra, væres øjnenes lyst. Hvis vi ikke skiller os af med øjnenes lyst, vil vi ikke væres i stand til at holde op med at synde, selv om vi faster og beder, for den syndefulde natur bliver konstant forstærket. Så vi må først skille os af med øjnenes lyst og bede og faste for at skille os af med den syndefulde natur. Så vil vi være i stand til at skille os af med disse ting ved Guds nåde og styrke og Helligåndens fylde.

Lad mig give et endnu simplere eksempel. Hvis vi bliver ved med at hælde rent vand i et kar, som er fyldt med snavset vand, så vil det snavsede vand til sidst blive rent. Men hvis vi hælder både rent og snavset vand i samtidig? Så vil det snavsede vand i karet ikke blive rent, uanset hvor længe, vi bliver ved med at hælde vand på. På samme måde må vi holde op med at tage imod usandheden, men kun tage sandheden til os, sådan at vi kan skille os af med kødet og kultivere det åndelige hjerte.

Pral med jordisk gods

Folk har som regel tendens til at prale. "Pral med jordisk gods" er den forfængelige og pralende natur, som drejer sig om vores verdslige glæder. Folk kan for eksempel prale med deres familie, børn, mand eller kone, dyrt tøj, et godt hus eller smykker. De vil anerkendes for deres ydre eller deres talenter. De kan endda prale af venskaber med indflydelsesrige personer eller berømtheder. Hvis man har tendens til pral med jordisk gods, værdsætter man velstand, berømmelse, viden, talenter og ydre fremtræden i denne verden og søger dem ivrigt.

Men til hvilken nytte er det at prale med disse ting? I Prædikerens Bog 1:2-3 står der at alt under solen er tomhed. Og der står i Salmernes Bog 103:15: *"Menneskets liv er som græsset, det blomstrer som markens blomster."* Pral med jordisk gods kan ikke tilføre nogen sand værdi til vores liv. Det vil snarere fjerne os fra Gud og føre os til døden. Hvis vi skiller os af med det meningsløse kød, vil vi blive fri for pral eller lyst, og så vil vi kun følge sandheden.

I Første Korintherbrev 1:31 står der, at den, der er stolt, skal være stolt af Herren. Det betyder, at vi ikke skal prale for at fremhæve os selv, men til Gud ære. Vi skal nemlig være stolte af korset og Herren, som frelste os, og af himmeriget, som Gud bereder til os. Vi bør også være stolte af den nåde, velsignelse, herlighed og hvad som helst andet, vi har fået af Gud. Når vi er stolte over Herren, bliver Gud tilfreds med os og han gengælder det med materielle og åndelige velsignelser.

Det er menneskets pligt at have ærefrygt for og kærlighed til Gud, og ethvert menneskes værdi vil blive bestemt af, i hvilken udstrækning han bliver et åndeligt menneske (Prædikerens Bog 12:13).

Når vi skiller os af med alle synder og ondskab, nemlig kødets gerninger og kødets ting, og genvinder Guds tabte billede, kan vi komme hinsides niveauet for det første menneske Adam, som var en levende ånd. Det betyder, at vi kan bliver fuldkommen åndelige mennesker. Derfor må vi ikke tager nogen hensyn til kødet og dets lyster, men i stedet iklæde os Kristus.

Kapitel 4

Hinsides niveauet for den levende ånd

Når først vi nedbryder de kødelige tanker, og sjælens virke holder
op med at være i kødet, kan det sjælelige virke kun være i det åndelige.
Sjælen adlyder fuldkommen ånden, som hersker.
Når herskeren udfører herskerens pligt og tjeneren udfører tjenerens pligt,
siger vi at sjælen trives.

Menneskets begrænsede hjerte

At blive et åndeligt menneske

Den levende ånd og den kultiverede ånd

Åndelig tro er sand kærlighed

Mod hellighed

Nyfødte babyer er små mennesker, men de kan ikke gøre det samme som voksne. De har ingen viden. De er ikke engang i stand til at genkende deres forældre. De er ikke selv i stand til at overleve. På samme måde kunne Adam, der blev skabt som en levende ånd, heller ikke udfører sine menneskelige pligter i starten. Han blev først et meningsfuldt væsen efter at han var blevet fyldt med åndelig viden. Så blev han herre over alle dyrene, og han lærte lidt efter lidt den åndelige viden af Gud. På daværende tidspunkt var Adams hjerte ren ånd, så der var ikke noget behov for at bruge ordet "hjerte.".

Men da han syndede, døde hans ånd. Den åndelige viden begyndte at lække ud af ham lidt efter lidt, og han blev i stedet fyldt med kødelig viden, som han fik fra den fjendtlige djævel og Satan. Hans hjerte kunne ikke længere kaldes "ånd", og fra da af blev det kaldt "hjerte."

Oprindeligt blev Adams hjerte skabt i billedet af Gud, som er ånd. Det kunne udviddes i samme grad, som det var blev fyldt af åndelig viden. Men efter at ånden døde, omgav den usande viden ånden, og dermed blev hjertets størrelse begrænset. Selv om

155

sjælen blev menneskets hersker, tog folk forskellige former for viden til sig, og de begyndte at bruge denne viden på forskellige måder. Alt efter de forskellige former for viden og de forskellige former for brug, begyndte menneskets hjerte at bevæge sig i forskellige retninger.

Så selv de mennesker, som har relativt store hjerter, er stadig ikke i stand til at gå hinsides de begrænsninger, som sættes af den individuelle selvretfærdighed, tankebygningerne og de personlige teorier. Men når vi tager imod Herre Jesus Kristus, får Helligånden og giver liv til vores ånd gennem Ånden, kan vi komme hinsides disse menneskelige begrænsninger. I den udstrækning vi kultivere det åndelige hjerte kan vi desuden fornemme og lære mere om det ubegrænsede åndelige rige.

Menneskets begrænsede hjerte

Når sjælelige mennesker lytter til Guds ord, kommer budskabet først ind i hjernen, hvor det bliver genstand for menneskelige tanker. Derfor kan folk ikke tage ordet ind i deres hjerter. Naturligvis kan de ikke få åndelige indsigter og de kan heller ikke forandre sig selv med sandheden. De forsøger at forstå det åndelige rige med deres egne begrænsede hjerter, og dermed dømmer de meget. De kan også have mange misforståelser og domme vedrørende patriarkerne i Bibelen.

Der er nogen, der tror, at det må have været meget vanskeligt for Abraham at adlyde, da Gud befalede ham at ofre sin eneste søn Isak. De siger til tider, at Gud lod dem rejse til Moriabjerget i tre dage for at prøve Abrahams tro. På den måde havde Abraham virkelig tid til at opleve stor smerte, mens han overvejede, om han skulle adlyde Guds befaling. Men det valgte han så alligevel at gøre i sidste ende.

Havde Abraham rent faktisk disse problemer? Han tog af sted tidligt om morgenen uden at tale med sin kone Sara. Han stolede fuldkommen på Guds kraft og godhed, og hans evne til at genoplive de døde. Derfor kunne han give sin søn Isak uden nogen form for tøven. Guds så Abrahams indre hjerte og anerkendte hans tro og kærlighed. Resultatet var, at Abraham blev trosfader og han blev kaldt "Guds ven."

Hvis et menneske ikke forstår det niveau af tro og lydighed, som behager Gud, kan han heller ikke forstå det ovenstående, fordi hans tænkning er begrænset af hans hjerte og standarten for hans tro. Vi kan kun forstå de mennesker, som elsker og behager Gud i allerhøjeste grad i den udstrækning vi skiller os af med synderne og kultiverer det åndelige hjerte.

At blive et åndeligt menneske

Gud er ånd, og han vil derfor også, at hans børn skal blive åndelige mennesker. Så hvad skal vi gøre for at blive åndelige; hvordan får vi ånden til at herske over sjælen og kroppen? Frem for alt må vi skille os af med usande tanker, nemlig de kødelige tanker, sådan at vi ikke kan kontrolleres af Satan. I stedet skal vi

157

lytte til Helligåndens stemme, som bevæger vores hjerter gennem sandhedens ord. Vi skal lade vores sjæl adlyde denne stemme fuldt ud. Når vi lytter til Guds ord, skal vi tage imod det med "amen" og bede oprigtigt indtil vi forstår den åndelige betydning af det.

Hvis vi gør det og får Helligåndens fylde, vil vores ånd blive vores hersker, og vi kan nå til en åndelig dimension, hvor vi kommunikerer med Gud hver dag. Når sjælen på denne måde adlyder herskeren, som er ånden, og tjener den som en slave, så kan vi sige, at vores sjæl trives. Og hvis sjælen trives, vil vi have fremgang i alle forhold og få et godt helbred.

Hvis vi forstår sjælens virke klart og genvinder den form for virke, som Guds ønsker, så vil vi ikke længere blive opildnet af Satan. På denne måde kan vi genvinde Guds tabte billede, som Adam mistede på grund af sit fald. Så vil den indbyrdes orden mellem ånd, sjæl og krop blive ordentligt etableret, og vi kan blive sande børn af Gud. Og så kan vi endda komme hinsides niveauet for den levende ånd, som var Adams niveau. Vi vil ikke kun få magt og kraft til at herske over alle ting, men vil også nyde den evige glæde og lykke i det himmelske rige, som er på et højere niveau end Edens have. Som der står i Andet Korintherbrev 5:17: *"Altså: Er nogen i Kristus, er han en ny skabning. Det gamle er forbi, se, noget nyt er blevet til."* Vi bliver helt nye skabninger i Herren.

Den levende ånd og den kultiverede ånd

Når vi adlyder Guds bud, som fortæller os, at vi ikke skal gøre visse ting, og at vi skal overholde andre, så betyder det, at vi ikke begår kødets gerning og at vi holder os til sandheden. Når vi gør sådan, bliver vi i stigende grad åndelige mennesker. Så længe vi er kødelige mennesker, som praktiserer usandheden, kan vi få forskellige problemer og sygdomme, men når vi er blevet åndelige mennesker, vil vi trives på alle områder og have et godt helbred.

Når vi skiller os af med ondskaben, sådan som Gud fortæller os, vil vores kødelige ting og kødelige tanker blive nedbrudt, og sjælen vil i stigende grad være i sandheden. Og hvis vi kun tænker i sandheden, kan vi høre Helligånden stemme tydeligere. Når vi fuldt ud holder os til Gud bud om at overholde bestemte ting, undlade bestemte ting eller skille os af med bestemte ting, kan vi blive anerkendt som åndelige mennesker, for da vil vi ikke have nogen usandhed i os. Hvis vi fuldt ud opfylder Guds bud, som fortæller os, hvad vi skal gøre, vil vi desuden blive mennesker med en fuldkommen ånd.

Desuden er der stor forskel mellem disse åndelige mennesker og Adam, som var en levende ånd. Adam havde aldrig oplevet kødet under den menneskelige kultivering, og dermed kunne han ikke anses for at være et fuldt ud åndeligt væsen. Han kunne ikke forstå hverken sorg, smerte, død eller adskillelse, som alle kommer af kødet. Dette betyder omvendt, at han heller ikke kunne have sand værdsættelse, taknemmelighed eller kærlighed. Selv om Gud elskede ham højt, kunne han ikke for alvor værdsætte denne kærlighed. Han nød godt af de allerbedste ting, men han kunne ikke fornemme det, så han var ikke for alvor lykkelig. Han kunne ikke være et sandt barn af Gud, som kunne forstå Guds hjerte. Først når man gennemgår de kødelige ting og kender til dem, kan man blive et sandt åndeligt væsen.

Da Adam var en levende ånd, havde han ikke oplevet noget kødeligt. Så han havde altid den mulighed at tage imod kødet og gå under. Adams ånd var ikke fuldkommen, men derimod en ånd, som kunne dø. Det var derfor, han blev kaldt et levende væsen, hvilket betyder en levende ånd. Nogen vil måske spørge, hvordan en levende ånd kunne lade sig friste af Satan. Lad mig svare med en sammenligning.

Lad os forestille os, at der er to meget lydige børn i en familie. Den ene af dem er engang blevet brændt af noget varmt vand, mens den anden aldrig er blevet brændt. En dag peger moren på en kedel med kogende vand og siger, at de ikke må røre ved den. De adlyder normalt begge to deres mor, så de lader begge to være med at røre kedelen.

Men det ene af børnene har allerede oplevet at en kedel med kogende vand er farlig, så han adlyder villigt. Han forstår også morens hjerte og kærlighed til dem, og hendes forsøg på at beskytte dem ved at advare dem. Det andet barn har ikke haft den samme oplevelse, og han bliver nysgerrig, da han ser den varme damp komme ud af kedelen. Han har ikke nogen mulighed for at forstå morens intention. Så der vil altid være risiko for, at han af ren nysgerrighed vil forsøge at røre ved kedelen.

Det var det samme med den levende ånd Adam. Han havde hørt, at synder og ondskab er noget, man skal frygte, men han havde aldrig oplevet dem. Han kunne ikke på nogen måde have forstået præcist, hvad synd og ondskab er. Da han ikke havde oplevet tingenes relativitet, faldt han til sidst for Satans fristelse af egen fri vilje og spiste den forbudne frugt.

Til forskel fra Adam, som var en levende ånd, der aldrig kunne forstå tingenes relativitet, ville Gud have sande børn, som efter at have oplevet kødet, havde gjort en indsats for at få åndelige hjerter, og som ikke ville skifte mening under nogen omstændigheder. De skulle have en klar forståelse af forskellen mellem kød og ånd. De skulle have oplevet synder og ondskab, smerter og sorg i denne verden, sådan at de vidste, hvor smerteligt, smudsigt og meningsløst kødet er. De skulle også have et godt kendskab til ånden, som er det modsatte af kødet, og de skulle vide, hvor smuk og god den er. Dermed ville de aldrig igen tage imod kødet af egen fri vilje. Dette er forskellen på den levende ånd og den kultiverede ånd.

En levende ånd vil adlyde ubetinget, mens en kultiveret ånd vil adlyde af hjertets grund efter at have oplevet både godt og ondt. De åndelige mennesker, som har skilt sig af med alle synder og ondskab, vil desuden få den velsignelse at komme ind i det tredje rige i himlen, som er anderledes end de andre boliger,

161

og de, som har en fuldkommen ånd, vil komme ind i byen Ny Jerusalem.

Åndelig tro er sand kærlighed

Når først vi bliver åndelige mennesker i løbet af vores tro, vil vi være i stand til at mærke lykken og glæden fra en helt anden dimension. Vil vi få sand fred i hjertet. Vi vil glæde os til enhver tid, bede uden ophør, og være taknemmelige under alle omstændigheder, som der står i Første Thessalonikerbrev 5:16-18. Vi forstår, at det er Guds hjerte og vilje at give os sand lykke, så vi kan elske Gud med oprigtige hjerter og være taknemmelige.

Vi hører, at Gud er kærlighed, men før vi bliver åndelige mennesker, kan vi ikke for alvor forstå, hvad kærlighed er. Det er først, når vi forstår Guds forsyn gennem processen for den menneskelige kultivering, at vi for alvor kan forstå, at Gud er kærligheden selv, og at vi skal elske ham mere end noget andet.

Så længe vi ikke skiller os af med kødet i vores hjerter, er vores kærlighed og taknemmelighed ikke sandfærdig. Selv om vi siger, at vi elsker Gud og er taknemmelige overfor ham, kan vi ændre retningen i vores liv, hvis der pludselig er noget andet, der giver os større udbytte. Vi siger, at vi er taknemmelige, når tingene går godt, men vi er hurtige til at glemme nåden, når vi står overfor vanskeligheder, og så bliver vi frustrerede eller vrede. Vi glemmer vores taknemmelighed og den nåde, vi har fået.

Men de åndelige menneskers taknemmelighed kommer af

hjertets grund, så den kan aldrig forandres selv om tiden går. De forstår Guds forsyn for kultiveringen af mennesket, til trods for den ubærlige smerte, det medfører, og de er taknemmelige af hjertets grund. De nærer sand kærlighed og taknemmelighed overfor Herre Jesus, som tog korset for os, og Helligånden, som fører os til sandheden. Deres kærlighed og taknemmelighed er uforanderlig.

Mod hellighed

Menneskeheden var fordærvet af synd, men når man tager imod Jesus Kristus og får frelsens nåde, kan man forandres ved troen og Helligåndens kraft. Så kan man komme hinsides niveauet for den levende ånd. I den udstrækning usandheden komme ud af folk og de i stedet fyldes af sandheden, kan de bliver åndelige mennesker ved at fuldføre helligheden i sig.

I de fleste tilfælde vil folk kombinere de onde ting, de ser, med usandheden i sig, og derved føle og tænke det onde. Og så har de tendens til at udvise onde handlinger. Men de mennesker, som er hellige, har ikke nogen usandhed i sig, og får dermed heller ikke hverken onde tanker eller onde handlinger. Helt fra starten ser de slet ikke de onde ting, og selv om de ved et tilfælde skulle se dem, så forbinder de dem ikke med onde tanker eller gerninger.

Vi kan anses for at være hellige, når vi har kultiveret et rent hjerte, som ikke har nogen plet eller fejl, idet vi har skilt os af med al ondskaben, selv den, som ligger dybt i hjertet. De

163

mennesker, som kun har åndelige tanker, nemlig dem som kun
ser, hører og handler i sandheden, er Guds sande børn, som er
kommet hinsides det åndelige niveau.

Som der står i Første Johannesbrev 5:18: *"Vi ved, at enhver,
som er født af Gud, ikke synder, men ham, som selv blev født
af Gud, bevarer ham, og den Onde kan ikke røre ham."* I det
åndelige rige er det magt det samme som syndefrihed. At være fri
for synd er det samme som hellighed. Derfor kan vi genvinde den
autoritet, som blev givet til den levende ånd Adam, og overvinde
den fjendtlige djævel og Satan i den udstrækning, vi skiller os af
med vores synder.

Når først vi bliver åndelige mennesker, kan djævlen ikke røre
os, og når vi får en fuldkommen ånd og opbygger godhed og
kærlighed, vil vi være i stand til at udføre Helligåndens kraftfulde
gerninger og gøre store og mægtige ting.

Vi kan blive åndelige mennesker og få en fuldkommen ånd,
når vi bliver hellige (Første Thessalonikerbrev 5:23). Hvis vi
tænker på Gud, som kultiverer menneskeheden og har båret
over med os i lang tid for at få sande børn, kan vi forstå, at det
mest meningsfulde i livet er et blive åndelige mennesker og få en
fuldkommen ånd.

Genoprettelse af ånden

Er jeg et kødeligt eller et åndeligt menneske?
Hvilken forskel er der på ånd og fuldkommen ånd?

"Jesus svarede: "Sandelig, sandelig
siger jeg dig: Den, der ikke bliver født af vand og ånd,
kan ikke komme ind i Guds rige.
Det, der er født af kødet, er kød,
og det, der er født af Ånden, er ånd.""
- Johannesevangeliet 3:5-6

Kapitel 1
Ånd og fuldkommen ånd

Menneskeheden har behov for frelse,
fordi vores ånd er død. Vores kristne liv er en proces,
hvor ånden først genoplives og derefter vokser.

Hvad er ånd?

Genoprettelse af ånden

Åndens vækstproces

Kultivering af god jord

Kødets spor

Beviset på den fuldkomne ånd

Velsignelser som gives til åndelige mennesker og mennesker med fuldkommen ånd

Menneskets ånd døde på grund af Adams synd. Fra da af blev sjælen menneskets hersker. Folk tager konstant imod usandheden og følger deres lyster. I sidste ende kan de ikke blive frelst. Da de bliver kontrolleret af deres sjæl, som er under Satans indflydelse, begår de synder og kommer i Helvede. Derfor har alle mennesker behov for frelse. Gud søger efter sande børn, som bliver frelst gennem den menneskelige kultivering; han leder nemlig efter åndelige mennesker og mennesker med en fuldkommen ånd.

Som der står i Første Korintherbrev 6:17: *"Men den, der binder sig til Herre, er én ånd med ham."* Guds sande børn er dem, som har bundet sig til Jesus Kristus i ånden.

Når vi tager imod Jesus Kristus, kommer vi til at leve i sandheden med Helligåndens hjælp. Hvis vi lever i sandheden i fuld udstrækning, betyder det, at vi er blevet åndelige mennesker, som har Herrens hjerte. Og så er vi én ånd med Herren. Selv om vi er blevet én ånd, er der dog stor forskel på Guds ånd og menneskets ånd. Gud er Ånden selv uden et fysisk legeme, men menneskets ånd er placeret i den fysiske krop. Gud har en åndelig form, som tilhører himlen, mens mennesket har en ånd med samme form som deres fysiske krop, der er skabt af støvet. Der er helt afgørende stor forskel på Gud Skaberen og mennesket, som er blevet skabt.

Hvad er ånd?

Mange mennesker tror, at ordet "ånd" henviser til det samme som ordet "sjæl." Ordbogen Merriam-Webster fortæller, at ånden er "et besjælet eller vitalt princip, som giver liv til fysiske organismer eller overnaturlige væsner, eller essens." Men i Guds øjne er ånden noget, som aldrig dør, aldrig forsvinder, aldrig forandre sig, men i stedet er evigt. Den er livet og sandheden selv. Hvis vi skal finde noget på denne jord, der har karakter af ånd, vil det være guld. Glansen forsvinder aldrig, selv om tiden går, og guldet hverken forgår eller forandre sig. Derfor sammenligner Gud vores tro med rent guld, og han bygger huse med guld og forskellige ædelstene i himlen.

Det første menneske Adam fik del i Guds oprindelige natur, da Gud blæste sin ånde ind i Adams næsebor. Han blev skabt med en ufuldkommen ånd. Der var nemlig mulighed for, at han kunne gå tilbage til kødet og få de samme karakteristika som jorden. Han var ikke kun "ånd." Han var en levende ånd, hvilket vil sige et levende væsen.

Så hvorfor skabte Gud Adam som en levende ånd?

Det skyldtes, at han ville have Adam til at sætte sig ud over dimensionen for den levende ånd ved at opleve kødet gennem den menneskelige kultivering, og dermed blive et menneske med en fuldkommen ånd. Og det galt ikke kun Adam, men også alle hans efterkommere. Derfor lagde Gud planer om Frelseren Jesus og Hjælperen Helligånden allerede før tidens begyndelse.

Genoprettelse af ånden

Adam levede i Edens have som en levende ånd i uendelig lang tid, men til sidst blev hans kommunikation med Gud skadet på grund af hans synd. Og da begyndte Satan så at plante usand viden i ham gennem sjælen. I denne proces begyndte den åndelige viden, som var blevet givet af Gud at forsvinde, og den blev erstattet af et kødeligt indhold, som var den usande viden fra Satan.

Som tiden gik blev mennesket i stigende grad fyldt af det kødelige indhold. Usandheden omgav livets sæd i mennesket og kvalte den. Det var som om usandheden lukkede livets sæd inde, sådan at den blev fuldkommen inaktiv. Når mennesket er i en tilstand, hvor livets sæd er fuldt ud inaktivt, siger vi, at ånden er "død." Det betyder at Guds lys, som kan aktivere livets sæd, er forsvundet. Så hvad skal vi gøre for at genoplive den døde ånd?

For det første skal vi fødes af vand og ånd

Når vi lytter til Guds ord, som er sandheden, og tager

imod Jesus Kristus som vores personlige frelser, giver Gud os Helligånden som gave i vores hjerter. Jesus siger i Johannesevangeliet 3:5: *"Sandelig, sandelig siger jeg dig: Den, der ikke er født af vand og ånd, kommer ikke ind i Guds rige."* Derved kan vi se, at vi kun kan blive frelst, når vi fødes af vand, som er Guds ord, og af Helligånden.

Helligånden kommer ind i vores hjerter og får livets sæd til at blive aktiv igen. Dette er vores døde ånds genoplivelse. Den hjælper os med at skille os af med kødet, som er usandt, og ødelægge sjælens usandfærdige virke, og så giver den os viden om sandheden. Hvis vi ikke får Helligånden, kan vores døde ånd ikke genoplives, og vi kan heller ikke forstå den åndelige betydning af Guds ord. Og det ord, som vi ikke forstår, kan heller ikke blive plantet i vores hjerte, og så kan vi ikke få åndelig tro. Vi kan kun få en åndelig forståelse og tro af hjertets grund ved hjælp af Helligånden. Derudover kan vi få styrke til at praktisere Guds ord og leve ved det, når vi beder. Uden Helligåndens hjælp gennem bøn er der ikke styrke til at praktisere ordet.

For det andet må vi konstant give liv til ånden gennem Ånden

Når vores døde ånd genoplives ved at vi modtager Helligånden, må vi blive ved med at fylde den med sand viden. Derved giver vi liv til ånden gennem Ånden. Når vi beder flittigt med Helligåndens hjælp om at kæmpe mod vores synder til

blodet flyder, vil ondskaben og usandheden i hjertet forsvinde.
I den udstrækning vi tager imod den sande viden, som vi får
af Helligånden såsom kærlighed, godhed, sandfærdighed,
sagtmodighed og ydmyghed, vil vi få mere sandhed og godhed
i hjertet. Med andre ord er det at tage imod sandheden gennem
Helligånden et afgørende skridt i modsat retning af den proces,
hvorved menneskeheden er blevet stadig mere fordærvet siden
Adams fald.

Der er dog også mennesker, som har taget imod Helligånden,
men som ikke forandrer deres hjerter. De følger ikke
Helligåndens ønsker, men fortsætter i stedet med at leve i synden
og følge kødets lyster. Først forsøger de at skille sig af med
synderne, men på et tidspunkt får de en lunken tro og holder
op med at kæmpe mod dem. Fra da af bliver de venligt indstillet
overfor verden og begår synder. Deres hjerter, som i stigende
grad blev rene og hvide, bliver igen besudlede. Selv om vi har
fået Helligånden, kan livets sæd ikke få styrke, hvis vores hjerter
bestandigt gennemblødes af usandhed.

I Første Thessalonikerbrev 5:19 advares vi med ordene:
"Udsluk ikke Ånden." Vi kan måske nå en tilstand, hvor det
siges, at vi er levende, men så længe vi ikke forandrer os efter at
have modtaget Helligånden, er vi døde (Johannesåbenbaringen
3:1). Så selv om vi har fået Helligånden, vil den gradvist blive
udslukket, hvis vi bliver ved med at leve i synder og ondskab.

Derfor må vi konstant forsøge at forandre vores hjerte, indtil
det bliver fuldkommen sandfærdigt. I Første Johannesbrev

173

2:25 står der: *"Og det er det løfte, som han har givet os: Det evige liv."* Ja, Gud har givet os et løfte. Men der er en betingelse forbundet med det.

Vi må være forenet med Herren og Gud ved at praktisere Guds ord, som vi har hørt det, for at Gud kan give os det evige liv. Vi kan ikke opnå frelse, selv om vi siger, at vi tror på Herren, hvis ikke vi lever i Gud og Herren.

Åndens vækstproces

I Johannesevangeliet 3:6 står der: *"Det, der er født af kødet, er kød, og det, der er født af Ånden, er ånd."* Som skrevet kan vi ikke give liv til ånden, så længe vi er i kødet.

Derfor må ånden blive ved med at vokse, når vi har fået Helligånden og vores døde ånd er blevet genoplivet. Hvad sker der, hvis en baby ikke vokser ordentligt eller helt holder op med at gro? Så vil dette barn ikke være i stand til at leve et normalt liv. Det samme gælder for det åndelige liv. De børn af Gud, som har opnået liv, må blive ved med at øge deres tro og få ånden til at vokse.

Bibelen fortæller os at alle og enhver har forskellige mål af tro (Romerbrevet 12:3). I Første Johannesbrev 2:12-14 læser vi om de forskellige niveauer for tro, som kategoriseres i troen hos børn, unge og fædre:

Jeg skriver til jer, børn: Jeres synder er tilgivet jer for hans navns skyld. Jeg skriver til jer, fædre: I kender

ham, som har været fra begyndelsen. Jeg skriver til jer, I
unge: I har overvundet den Onde. Jeg har skrevet til jer,
børn: I kender Faderen. Jeg har skrevet til jer, fædre:
I kender ham, som har været fra begyndelsen. Jeg har
skrevet til jer, I unge: I er stærke, Guds ord bliver i jer,
og I har overvundet den Onde.

I den udstrækning vi forandrer os med et sandt hjerte, giver Gud os tro fra oven. Det er den tro, som kommer af hjertets grund, og som giver liv til ånden gennem Ånden. Det er det, Helligånden gør: Den lader os give liv til ånden og hjælper os med at øge vores tro. Den kommer ind i vores hjerter og lærer os om synd, retfærdighed og dom (Johannesevangeliet 16:7-8). Og den hjælper os med at tro på Jesus Kristus.

Den hjælper os også med at indse den åndelige betydning af Gud ord og at tage imod den i vores hjerte. I denne proces kan vi genvinde Guds tabte billede og blive sande børn af Gud, åndelige mennesker og mennesker med en fuldkommen ånd.

For at vores ånd kan vokse op, må vi først nedbryde de kødelige tanker. Kødelige tanker dannes, når usandheden i vores hjerte kommer ud gennem sjælens usandfærdige virke. Hvis man for eksempel har ondskab i hjertet og hører, at der er nogen, der sladrer om en, så vil sjælen begynde at virke på en usand måde. Man vil have kødelige tanker om at den der sladrer er uhøflig, og man vil blive fornærmet og have andre negative følelser.

I dette øjeblik kontrollerer Satan sjælen. Satan er den, som

175

lægger ondskaben ind i tankerne. Gennem dette sjælelige virke opildnes usandheden i hjertet, som er de kødelige ting såsom temperament, had, nag og stolthed. I stedet for at forsøge at forstå den anden, ønsker man ofte at konfrontere vedkommende lige med det samme. De kødelige ting, som nævnes tidligere, hører også til de kødelige tanker. Hvis ens selvretfærdighed, selvopfattelse eller ens egne teorier kommer til udtryk gennem sjælens virke, så er det også en kødelig ting. Lad os forestille os et menneske, der har nogle tankebygninger, som handler om at det er bedst ikke at gå på kompromis med sin tro. Så vil han synes, at hans egne ideer er rigtige, og han vil komme i strid med andre, selv i situationer hvor han burde have taget højde for de andres niveau af tro eller deres omstændigheder. Eller lad os forestille os et menneske, som tænker på en bestemt måde omkring et bestemt emne, og derfor tror, at det vil væres vanskeligt at opnå noget i betragtning af omstændighederne. I begge tilfælde er der tale om kødelige tanker.

Selv efter at vi har fået Helligånden ved at tage imod Herre Jesus, fortsætter vi med at have kødelige tanker i den udstrækning, vi har kød, som vi endnu ikke har skilt os af med. Vi har åndelige tanker, når vi tænker på den sande viden, som er Guds ord, men vi har kødelige tanker, når vi tænker på den usande viden. Helligånden kan ikke mobilisere den sande viden i en udstrækning, vi har kødelige tanker.

Derfor står der i Romerbrevet 8:5-8: *"De kødelige vil det kødelige, og de åndelige vil det åndelige. Det, kødet vil, er død,*

og det, Ånden vil, er liv og fred. For det, kødet vil, er fjendskab
med Gud; det underordner sig ikke Guds lov og kan det heller
ikke. De, som er i kødet, kan ikke være Gud til behag."
Denne passage betyder, at vi kun kan opnå et åndeligt niveau,
når vi nedbryder vores kødelige tanker. De mennesker, som
er i kødet, kan ikke lade være med at have kødelige tanker, og
resultatet er, at de har tanker, ord og adfærd, som strider mod
Gud.

Et af de mest åbenlyse eksempler på at rejse sig mod Gud
på grund af kødelige tanker, er tilfældet med kong Saul i Første
Samuelsbog 15. Gud beordrede ham at angribe Amalekitterne
og at ødelægge alt der. Det var en del af den straf, de fik, fordi de
tidligere havde rejst sig mod Gud i meget alvorlig grad.

Men efter at Saul vandt slaget, tog han den bedste del af
dyreholdet med sig og sagde, at han ville ofre det til Gud. Han
tog også kongen af Amalek til fange i stedet for at slå ham ihjel.
Han ville vise, hvad han havde udrettet. Så han var ulydig på
grund af sine kødelige tanker, som byggede på grådighed og
arrogance. Da hans øjne var blændet af denne grådighed og
arrogance, fortsatte han med at lytte til sine kødelige tanker, og i
sidste ende gik han en elendig død i møde.

Den grundlæggende årsag til kødelige tanker er, at vi har
usandhed i hjertet. Hvis vi kun har sand viden i vores hjerter, kan
vi ikke have kødelige tanker. De, som ikke har kødelige tanker, vil
helt naturligt kun have åndelige tanker. De adlyder Helligåndens

stemme og vejledning, så de bliver elsket af Gud og oplever hans gerning. Vi må derfor flittigt skille os af med usandheden og fylde os med viden om sandheden, som er Guds ord. Det at fylde os med viden om sandheden betyder ikke, at vi kun skal have denne viden i vores hoveder, men at vi skal fylde og kultivere vores hjerte med Guds ord. På samme tid skal vi erstatte vores egne tanker med åndelige tanker. Når vi er sammen med andre eller oplever bestemte hændelser, bør vi ikke bedømme og fordømme dem ud fra vores egne synspunkter, men i stedet forsøge at se dem i sandhed. Vi må konstant undersøge, om vi behandler andre mennesker med godhed, kærlighed og sandfærdighed i ethvert øjeblik, sådan at vi kan forandre os. På denne måde kan vi vokse rent åndeligt.

Kultivering af god jord

I Ordsprogenes Bog 4:23 står der: *"Frem for alt: Vogt dit hjerte, for derfra udgår livet."* Det betyder, at livet selv, det vil sige vejen til det evigt liv, udgår fra hjertet. Vi kan kun høste frugten, når vi sår sæden på marken, sådan at den kan spire, blomstre og give frugt. På lignende vis kan vi kun bære åndelig frugt, når sæden af Guds ord falder på vores hjertes jord.

Guds ord, som er livets kilde, har to forskellige funktioner, når det bliver sået i hjertet. Det fjerner synder og usandheder fra hjertet, og det hjælper med at give frugt. Der er mange forskellige befalinger i Bibelen, men de kan inddeles i fire forskellige kategorier: Gør; gør ikke; overhold; skil dig af med. For eksempel står der i Bibelen, at vi skal skille os af med grådighed og alle former for ondskab. Under kategorien "gør ikke" findes for eksempel "had ikke" og "fordøm ikke." Når vi adlyder disse befalinger, vil synderne blive trukket ud af vores hjerte med rod. Det betyder, at Guds ord kommer ind i vores hjerte og kultivere det til god jord. Men det ville væres nytteløst, hvis vi holdt op, når vi var færdige med at pløje jorden. Vi skal så sandhedens og godhedens sæd på den pløjede jord, sådan at vi kan bære Helligåndens ni frugter, velsignelserne af Saligprisningerne og den åndelige kærlighed. At bære disse frugter er at adlyde de bud, som fortæller os at gøre og overholde bestemte ting. Når vi overholder og praktiserer Guds befalinger, kan vi lidt efter lidt bære frugt.

At blive et åndeligt menneske er, som nævnt i første del af dette kapitel om kultivering, det samme som at kultivere vores hjertes jord. Vi gør den ukultiverede mark til en mark med god jord ved at pløje jorden, fjerne stenene, og trække ukrudtet op med rod. På samme måde skal vi skille os af med al kødets gerning og de kødelige ting i lydighed mod Guds ord, som siger, at vi ikke må gøre bestemte ting og at vi skal skille os af med andre. Ethvert menneske rummer forskellige former for ondskab. Så hvis vi trækker ondskaben op med rod på de områder, hvor vi finder det mest vanskeligt, vil alle de andre former for ondskab også forsvinde på samme tid. Hvis for eksempel en person, som er meget jaloux, skiller sig af med jalousien, vil andre forbundne

179

former for ondskab såsom had, sladder og falskhed også forsvinde sammen med den.

Når først vi trække den største rod af vrede op, vil andre former for ondskab såsom irritation og frustration også forsvinde. Hvis vi beder og forsøger at skille os af med vreden, vil Gud give os nåde og styrke, og Helligånden vil hjælpe os med at skille os af med den. Når vi bliver ved med at anvende sandhedens ord i vores hverdag, kan vi få Helligåndens fylde, og kødets magt vil blive svækket. Lad os forestille os et menneske, som bliver vred ti gange om dagen, men som reducerer hyppigheden til ni gange, syv gange og fem gange. Så vil vreden til sidst forsvinde. På denne måde kan vi forandre vores hjerter til god jord ved at skille os af med den syndefulde natur, og vi vil dermed få hjerter af ånd.

Derefter må vi plante sandhedens ord i os, som fortæller os at vi skal gøre og overholde bestemte ting såsom at elske, tilgive, tjene andre og overholde sabbatsdagen. Vi begynder ikke først at fylde os selv med sandheden, efter at vi er blevet færdige med at skille os af med alle usandhederne. Det er nødvendigt at skille sig af med usandheden og erstatte den med sandheden på samme tid. Når vi gennem denne proces når frem til kun at have sandhed i hjertet, kan vi anses for åndelige mennesker.

En af de ting, vi skal skille os af med for at blive åndelige mennesker, er den ondskab, der er i vores oprindelige natur. Hvis man skal foretage en sammenligning, så har ondskaben fra den oprindelige natur sammen karakter som jord. Denne ondskab overleveres fra forældre til børn gennem livsenergien, som også kaldes "chi." Hvis vi kommer i kontakt med onde ting under vores opvækst og tager imod dem, bliver vores natur endnu mere ond. Ondskaben i vores oprindelige natur afsløres ikke under normale omstændigheder, og det kan være svært at indse, at den er der. Så selv om vi skiller os af med alle synder og al ondskab, som er synlig på overfladen, kan det være vanskeligt at skille sig af med den ondskab, som ligger dybt i vores natur. Hvis vi vil gøre det, må vi bede brændende og anstrenge os alvorligt for at finde den og nedbryde den.

I nogle tilfælde vil vi opleve et ophør i vores åndelige vækst, når vi er nået til et bestemt punkt. Det skyldes ondskaben i vores natur. Hvis vi vil fjerne ukrudt, må vi trække det op med rod, og ikke kun fjerne blade og stængler. På samme måde kan vi først få hjerter af ånd, når vi har indset vores onde natur og skilt os af med dem. Når vi bliver åndelige mennesker på denne måde, vil vores samvittighed være sandheden selv, og vores hjerter vil kun indeholde sandheden. Det betyder, at vores hjerter er blevet ren ånd.

Kødets spor

Åndelige mennesker har ikke nogen ondskab i hjertet, og da de er fulde af Ånden, er de altid lykkelige. Men det betyder ikke, at de er fuldkomne. De har stadig "spor af kød." Sporene af kød er relateret til hvert enkelt menneskes personlighed og oprindelige natur. For eksempel er der nogen, som er sandfærdige, retfærdige og direkte, men de mangler gavmildhed og medfølelse. Andre kan være fulde af kærlighed og nyde at give til andre, men de kan være for følelsesladede og deres ord og adfærd kan måske være grov og uhøflig.

Disse karakteristika bliver i personligheden som spor af kødet, og de påvirker folk selv efter at de er gået ind i ånden. Det er ligesom gammelt tøj, der har pletter. Stoffet kan ikke genvinde den oprindelige farve, ligegyldigt hvor godt, vi vasker det. Disse kødelige spor kan ikke anses for ondskab, men vi skal skille os af med dem for at blive fyldt med Helligåndens ni frugter, hvilket vil gøre os i stand til at få en fuldkommen ånd. Vi kan sige, at et hjerte, som ikke har nogen usandhed, og er som en velpløjet mark, er ånd. Når sæden sås på den velkultiverede hjerte-jord, og der kommer smukke frugter, kan vi anse dette hjerte for at være den fuldkomne ånd.

Da kong David gik ind i ånden, lod Gud ham prøve. En dag beordrede David Joab at holde folketælling. Det betød, at de ville tælle hvor mange mennesker, som kunne tage i krig. Joab vidste, at det ikke var rigtigt i Guds øjne, og forsøgte at tale David fra det. Men David ville ikke lytte. Resultatet var, at Guds vrede kom, og at mange mennesker døde af pest.

David kendte Guds vilje, så hvordan kunne han gøre noget sådant? David var blevet jaget af kong Saul i lang tid og havde kæmpet mange slag mod hedningene. Hans liv var blevet truet af hans egen søn. Men efter lang tid var hans politiske magt blevet solid, og nationens indflydelse voksede, så han slappede af og undlod af bekymre sig. Nu ville han prale med, hvor mange mennesker der var i hans land.

Som der står i Anden Mosebog 30:12: *"Når du holder mandtal over israelitterne for at mønstre dem, skal alle mænd betale sonepenge for sig selv til Herren, når de bliver mønstret, så de ikke rammes af en plage, når de bliver mønstret."* Gud befalede engang israelitterne at holde mandtal efter flugten fra Egypten, men det skete med henblik på at organisere folket.

Hver af dem måtte betale sonepenge for sig selv til Herren, sådan at de kunne huske på at alles liv afhænger af Guds beskyttelse, og at de derfor skulle være ydmyge. Det er ikke en synd i sig selv at holde mandtal; det skal gøre, når det er nødvendigt. Men Gud ønskede ydmyghed og anerkendelse af, at den magt det ligger i at være et stort folk, er givet af Gud.

Men David holdt folketælling selv om det ikke var blevet befalet af Gud. Dette afslører helt essentielt, at han ikke satte sin lid til Gud, men til mennesker, for han stolede på at en stor befolkning og mange soldater betød, at nationen var stærk. Da David indså sin fejl, og begyndte at angre, var han allerede på vej til store trængsler. Pesten ramte hele Israel, og 70.000 mennesker døde i løbet af kort tid.

Når så mange mennesker dør, er det naturligvis ikke kun på grund af Davids arrogance. En konge kan holde mandtal, når han ønsker det, og det var ikke hans intention at synde. Fra et menneskeligt synspunkt kan vi derfor ikke sige, at han syndede. Men set fra Guds ufejlbarlige synspunkt kan man sige, at David ikke fuldt ud samme sin lid til Gud, og at han var arrogant.

Der er nogle ting, som ikke kan anses for onde fra et menneskeligt synspunkt, men som alligevel er det i Guds øjne. Disse ting er de kødelige spor, som forbliver i personen efter at vedkommende bliver hellig. Gud lod denne trængsel komme over Israels land gennem David for at gøre ham endnu mere fuldkommen ved at fjerne de kødelige spor. Men den grundlæggende årsag til at pesten ramte Israel, var at folkets synder havde vækket Guds vrede. I Anden Samuelsbog 24:1 står der: *"Herrens vrede flammede igen op mod Israel, og han lokkede David til at tirre folket og sagde: "Gå hen og hold folketælling i Israel og Juda!""*

Så de gode mennesker blev frelst fra pesten, og fik ikke nogen straf. De mennesker, som døde, var dem, der syndede i så høj grad, at Gud ikke kunne acceptere det. Men David sørgede og angrede over at se, at folk døde på grund af hans opførsel. Så Gud virkede på to fronter gennem denne ene hændelse: Han straffede de syndefulde mennesker og forfinede på samme tid David.

Efter straffen lod Gud David give en offergave på Aravnas tærskeplads. David gjorde, som Gud sagde. Han købte pladsen og begyndte at bygge et alter, og dermed genvandt han Guds nåde. Genne denne prøvelse ydmygede David sig endnu mere, og det var et skridt på vejen til at få en fuldkommen ånd.

Beviset for at have en fuldkommen ånd

Hvis vi opnår en fuldkommen ånd, vil der være beviser på det, hvilket betyder, at vi vil bære åndens frugter i rigelig grad. Men det betyder ikke, at vi ikke vil bære frugter, før vi opnår niveauet for den fuldkomne ånd. Åndelige mennesker er på vej til at bære frugterne af den åndelige kærlighed, lysets frugter, Helligåndens ni frugter og Saligprisningerne. Da de stadig er på vej til det, vil de endnu ikke i fuld grad bære disse frugter. Ethvert åndeligt menneske bærer frugterne i forskellig grad.

Hvis for eksempel vi adlyder Guds bud, som fortæller os, at vi skal overholde bestemte ting og skille os af med andre, så vil vi ikke have nogen form for had eller nag under nogen omstændigheder. Men der vil være forskelle på i hvor høj grad forskellige åndelige personer bærer frugt med hensyn til Guds befalinger, som fortæller os hvad vi skal gøre. For eksempel siger Gud, at vi skal elske. Det indeholder et niveau, hvor man ganske simpelt ikke hader nogen, og at andet niveau, hvor man kan bevæge andres hjerter ved aktiv tjeneste. Desuden er der et niveau, hvor man kan give sit liv for andre. Når denne gerning er uforanderlig og fuldkommen, kan man sige, at man har kultiveret en fuldkommen ånd.

Der er også forskel på, i hvor høj grad hver enkelt bærer Helligåndens frugter. Når der er tale om åndelige mennesker, kan den ene bære en bestemt frugt i 50% af det fuldeste mål, og en anden kan gøre det i 70%. Man kan have et overskud af kærlighed, men mangle selvkontrol, eller man kan være meget trofast, men mangle sagtmodighed.

Men mennesker med en fuldkommen ånd bærer hver af

185

Helligåndens frugter i højest mulige grad. Helligånden bevæger og kontrollerer disse menneskers hjerter 100%, så de har fuld harmoni i alle forhold og har ikke nogen mangler. De har en brændende lidenskab for Herren, sammen med en fuldkommen selvkontrol, sådan at de kan opføre sig passende i enhver situation.

De er blide og milde som et vattot, og de har alligevel værdighed og autoritet som en løve. De har kærlighed nok til at søge andres vinding i alle forhold og endda ofre deres liv for andre, men de er upartiske. De adlyder Guds retfærdighed. Selv når Gud befaler dem at gøre noget, som er umuligt med menneskelige evner, adlyder de med "ja" og "amen."

Udefra kan de lydige gerninger hos åndelige mennesker og mennesker med en fuldkommen ånd måske se ens ud, men der er rent faktisk forskel. Åndelige mennesker adlyder, fordi de elsker Gud, mens åndelige mennesker adlyder, fordi de forstår Guds dybeste hjerte og intentioner. Mennesker med en fuldkommen ånd er blevet Guds sande børn, som har hans hjerte, og har opnået det højeste niveau af Kristus i alle aspekter. De søger helliggørelsen i alt, er i fred med alle og er betroede i hele Guds hus.

I Første Thessalonikerbrev 4:3 står der: *"For dette er Guds vilje, at I skal helliges, så I afholder jer fra utugt."* Og i Første Thessalonikerbrev 5:23: *"Fredens Gud hellige jer helt og holdent og bevare fuldt ud jeres ånd og sjæl og legeme lydefrit ved vor Herre Jesu Kristi komme!"*

Vor Herre Jesu Kristi komme betyder, at han vil komme og tage sine børn til sig før den syv år lange trængsel. Det betyder, at vi må opnå niveauet for den fuldkomne ånd og bevare os fuldkomne for at møde Herren før dette sker. Når først vi opnår den fuldkomne ånd, vil vores sjæl og krop tilhøre ånden, og da vi er lydefri, vil vi være i stand til at tage imod Herren.

Velsignelser som gives til åndelige mennesker og mennesker med en fuldkommen ånd

Det gælder for åndelige mennesker at deres sjæl trives, så alt går dem godt og de har et godt helbred (Tredje Johannesbrev 1:2). De har skilt sig af med selv den ondskab, som er dybt i deres hjerter, så de er i sandhed hellige børn af Gud. De kan nyde den åndelige autoritet som lysets børn.

For det første er de sunde og får ikke nogen sygdomme. Når vi går ind i ånden, vil Gud beskytte os fra sygdomme og ulykker, så vi kan nyde godt af et liv i sundhed. Selv om vi bliver gamle, vil vi ikke ældes eller blive svagelige, og vi vil ikke engang få rynker. Hvis vi desuden bliver mennesker med en fuldkommen ånd, kan rynkerne ligefrem blive rettet ud. Disse mennesker vil blive forynget og genvinde deres tidligere styrke.

Da Abraham bestod den prøvelse at ofre Isak, fik han en fuldkommen ånd; han fik børn selv efter at han havde nået en alder af 140 år. Det er tegn på, at han blev forynget. Moses var mere sagtmodig og ydmyg end nogen anden på jordens overflade, og han arbejdede flittigt i 40 år efter at han blev kaldet af Gud i en alder af 80. *"Hans øjne var ikke blevet svage, hans livskraft ikke forsvundet"*, selv da han var 120 år (Femte Mosebog 34:7).

For det andet har åndelige mennesker ikke nogen ondskab i hjertet, så den fjendtlige djævel og Satan kan ikke bringe dem nogen prøvelser eller trængsler. I Første Johannesbrev 5:18 står der: *"Vi ved, at enhver, som er født af Gud, ikke synder, men ham, som selv blev født af Gud, bevarer ham, og den Onde kan ikke røre ham."* Den fjendtlige djævel og Satan anklager de kødelige mennesker og giver dem prøvelser og trængsler.

Job var til at starte med i en tilstand, hvor han ikke havde skilt sig af med al ondskaben i sin natur, så da Satan anklagede ham for Gud, måtte Gud tillade at prøvelserne fandt sted. Job indså sin ondskab og angrede, mens han gennemgik trængslerne, som skyldtes Satans anklager. Men efter at han skilte sig af med sin onde natur og gik ind i ånden, kunne Satan ikke længere anklage ham. Så Gud velsignede ham til at få det dobbelte af, hvad han tidligere havde haft.

For det tredje kan åndelige mennesker klart høre Helligåndens stemme og få dens vejledning, så de ledes på vejen til fremgang på alle områder. Hos de åndelige mennesker har selve hjertet forandret sig til sandheden, så disse mennesker lever rent faktisk Guds ord. Hvad som helst de gør, er i overensstemmelse med sandheden. De opfatter klart Helligåndens tilskyndelser og adlyder dem. Og hvis de beder for at noget bestemt skal ske, så udholder de med uforanderlig tro, indtil deres bønner bliver hørt.

Hvis vi konstant adlyder på denne måde, vil Gud lede os og give os visdom og forståelse. Hvis vi fuldt ud overlader alt i Guds hænder, vil han beskytte os, selv om vi fejlagtigt går i en retning, som ikke stemmer overens med hans vilje; selv om der bliver gravet en grøft for os, vil han få os til at gå udenom, og han vil arbejde for altings bedste.

For det fjerde får åndelige mennesker hurtigt alt, hvad de beder om. De kan endda få svar bare ved at et ønske spirer i deres hjerte. I Første Johannesbrev 3:21-22 står der: *"Mine kære, hvis vort hjerte ikke fordømmer os, har vi frimodighed over for Gud, og hvad vi end beder om, får vi af ham, fordi vi holder hans bud og gør det, som behager ham."* De åndelige mennesker vil få denne velsignelse.

Selv de mennesker, som ikke har nogen særlig evne eller viden, kan få ikke alene åndelige velsignelser, men også materielle, hvis de bare kommer ind i ånden, for Gud vil berede alt for dem og lede dem.

Når vi sår og beder med tro, vil vi få velsignelser i et godt, presset, rystet og topfyldt mål (Lukasevangeliet 6:38), men når først vi når ind i ånden, vil vi høste 30 gange mere, og efter at vi har fået en fuldkommen ånd, vil vi høste 60 eller 100 fold. De

189

åndelige mennesker og de med en fuldkommen ånd kan få hvad som helst bare ved at ønske det af hjertet.

De velsignelser, som gives til mennesker med en fuldkommen ånd, kan ikke beskrives på passende vis. De glæder sig i Gud, og Gud glæder sig over dem, og som der står i Salmernes Bog 37:4: *"Find din glæde i Herren, så giver han dig, hvad dit hjerte ønsker."* Gud giver dem hvad som helst, de har brug for, uanset om det er penge, berømmelse, autoritet eller sundhed.

Sådanne mennesker vil ikke opleve at mangle noget på et personligt niveau, og de vil heller ikke for alvor have noget at bede for på et personligt niveau. Så de beder altid for Guds rige og retfærdighed, og for de sjæle, som ikke kender Gud. Deres bønner er smukke og fulde af aroma, de er gode og uden ondskab, og til nytte for sjælene. Så Gud glæder sig over dem i allerhøjeste grad.

Når disse mennesker, som har opnået den fuldkomne ånd, elsker sjælene og lægger på lager af hyppige bønner, kan de også manifestere forbløffende kræfter, som i Apostelens Gerninger 1:8: *"Men I skal få kraft, når Helligånden kommer over jer, og I skal være mine vidner både i Jerusalem og i hele Judæa og Samaria og lige til jordens ende."* Som forklaret elsker de åndelige mennesker og mennesker med en fuldkommen ånd Gud i allerhøjeste grad og behager ham, og de får alle de velsignelser, som loves i Bibelen.

Kapitel 2
Guds oprindelige plan

Gud ønskede ikke, at Adam skulle leve til evig tid uden
at kende til sand lykke, glæde, taknemmelighed og kærlighed.
Derfor plantede han kundskabens træ,
sådan at Adam i sidste ende kunne opleve alle de kødelige ting.

Hvorfor skabte Gud ikke mennesket som ånd?

Vigtigheden af den frie vilje og ihukommelse

Formålet med menneskets skabelse

Gud vil æres af sine sande børn

D en menneskelige kultivering er en proces, hvorigennem kødelige mennesker ændres tilbage til åndelige mennesker. Hvis vi ikke forstår det, og bare går i kirke, er der ingen mening med det. Der er mange mennesker, som går i kirke, men som ikke er blevet genfødt af Helligånden, og derfor har de ikke nogen sikkerhed om frelse. Formålet med at leve sit liv i den kristne tro er ikke bare at opnå frelse, men også at genvinde Guds tabte billede og at dele vores kærlighed med Gud og ære ham til evig tid som hans sande børn.

Så hvad var Guds oprindelige intention med at skabe Adam som en levende ånd og gennemføre den menneskelige kultivering på denne jord? I Første Mosebog 2:7-8 står der: *"Da formede Gud Herren mennesket af jord og blæste livsånde i hans næsebor, så mennesket blev et levende væsen. Gud Herren plantede en have i Eden ude mod øst, og der satte han det menneske, han havde formet."*

Gud skabte himlene og jorden med sit ord. Men mennesket formede han med sine hænder. Den himmelske skare og

193

englene i himlen er alle skabt som ånder. Men selv om det var intentionen, at mennesket til sidst skulle leve i Himlen, så var det ikke tilfældet med de andre skabninger. Hvorfor gjorde Gud sig den umage at skabe mennesket af jordens støv? Hvorfor gjorde han ikke bare mennesket til ånd fra starten? Disse spørgsmål drejer sig om Guds særlige plan.

Hvorfor skabte Gud ikke mennesket som ånd?

Hvis Gud ikke havde skabt mennesket af støv, men i stedet som ånd, ville vi ikke have været i stand til at opleve noget kødeligt. Hvis vi var blevet skabt som ånd, ville vi have adlydt Guds ord, og Adam ville aldrig have spist af kundskabens træ. Jordens karakter forandrer sig alt efter hvad man blander den med. Adam kunne fordærves til trods for at han var i det åndelige rum, netop fordi han var skabt af jordens støv. Men det betyder ikke, at han var fordærvet lige fra begyndelsen.

Edens have er et åndelige rum, som er fyldt af Guds energi, og dermed var det umuligt for Satan at plante nogen kødelige egenskaber i Adams hjerte. Men da Gud gav Adam den frie vilje, kunne han havde taget imod kødet, hvis han havde haft lyst og vilje til det. Selv om han var en levende ånd, kunne kødet komme ind i ham, hvis han med vilje tog imod det. Efter at der var gået lang tid, åbnede han sit hjerte for Satans fristelser og tog imod kødet.

Gud gav rent faktisk mennesket den frie vilje af hensyn til

den menneskelige kultivering. Hvis Gud ikke havde givet Adam fri vilje, kunne han ikke have taget imod noget kødeligt. Det betyder, at den menneskelige kultivering aldrig kunne være fundet sted. Men kultiveringen måtte finde sted i Guds forsyn for menneskeheden, og i sin alvidenhed skabte Gud derfor ikke Adam som et åndeligt væsen.

Vigtigheden af fri vilje og ihukommelse

I Første Mosebog 2:17 står der: *"Men træet til kundskab om godt og ondt må du ikke spise af, for den dag du spiser af det, skal du dø!"* Som det er blevet forklaret, er det en del af Guds dybe forsyn at skabe Adam af støvet og at give ham fri vilje. Det skete med henblik på den menneskelige kultivering.

Synden kom blandt andet ind i Adam, fordi han havde fri vilje, men også fordi han ikke ihukom Guds ord. At ihukomme Guds ord er at indgravere ordet i hjertet og praktisere det uden ophør.

Nogle mennesker bliver ved med at begå den samme fejl, mens andre undlader at gentage deres fejl. Det skyldes, at der er forskel på, i hvor høj grad de ihukommer bestemte ting. Synden kom ind i Adam, fordi han ikke vidste, at det var vigtigt at ihukomme Guds ord. Omvendt kan vi genvinde den åndelige tilstand, når vi ihukommer Guds ord og adlyder det. Derfor er det vigtigt at holde Guds ord i hu.

De mennesker, hvis ånd er død på grund af arvesynden, kan få den genoplivet, hvis de tager imod Jesus Kristus og får

Helligånden. Fra dette øjeblik vil de give liv til ånden gennem Ånden, hvis de holder Guds ord i hu og praktiserer det i deres liv. Så vil de hurtigt opnå åndelig vækst. Derfor er det meget vigtigt at holde Guds ord i hu og praktisere det uden ophør med henblik på at genvinde ånden.

Formålet med at skabe mennesket

Der er mange åndelige væsener i Himlen, blandt andet engle, som konstant adlyder Gud. Men med undtagelse af nogle ganske få særtilfælde, er de ikke menneskelige. De har ikke fri vilje, og kan dermed ikke vælge at dele deres kærlighed med andre. Derfor skabte Gud det første menneske Adam som et væsen, han i sandhed kunne elske og blive elsket af.

Lad os et øjeblik forestille os, hvordan Gud med glæde skabte det første menneske Adam. Han formede Adams læber, sådan at Adam kunne prise ham. Han formede hans ører, sådan at han kunne lytte til Guds stemme og adlyde den. Han lavede hans øjne, for at Adam skulle se og opleve skabelsens skønhed og ære Gud.

Gud skabte mennesket for at få lovpris og ære gennem dem, og for at dele sin sande kærlighed med dem. Han ville have børn, som han kunne dele universets og Himlens skønhed med. Og han ville leve i evig lykke med dem.

I Johannesåbenbaringen kan vi se de børn af Gud, som er blevet frelst, og som priser og tilbeder Gud ved hans trone i al

evighed. Når de kommer til Himlen, vil der være så smukt og
fuldt af glæde, at de ikke kan lade være med at prise Gud og
tilbede ham af hjertets grund for hans dybe, mystiske forsyn.

Mennesket blev skabt som en levende ånd, men blev kødelige
væsener. Men hvis vi bliver åndelige mennesker igen efter at have
oplevet alle former for glæde, vrede, kærlighed og sorg, kan vi
blive sande børn af Gud, som giver kærlighed, taknemmelighed
og ære til Gud af hjertets grund.

Da Adam levede i Edens Have, kunne han ikke anses for et
sandt barn af Gud. Gud lærte ham kun godhed og sandhed, og
dermed vidste han ikke noget om synder og ondskab. Han havde
ikke nogen anelse om, hvad ulykke og smerte var. Edens have er
et åndeligt sted, og der er hverken forgængelighed eller død.

Derfor kendte Adam ikke dødens betydning. Selv om han
levede i bekvemmelighed og overflod, kunne han ikke for alvor
opleve lykke, glæde og taknemmelighed. Da han aldrig havde
oplevet nogen sorg eller ulykkelighed, kunne han heller ikke
føle sand glæde eller lykke. Han vidste ikke, hvad had var, så
han kendte heller ikke til sand kærlighed. Gud ønskede ikke,
at Adam skulle leve til evig tid uden at kende noget til lykke,
glæde, taknemmelighed eller kærlighed. Derfor placerede han
kundskabens træ i Edens have, sådan at Adam til sidst kunne
opleve kødet.

Når de mennesker, som har oplevet den kødelige verden,
bliver Guds børn igen, vil de helt sikkert forstå, hvor god ånden
er, og hvor dyrebar sandheden er. De kan nu i sandhed være

taknemmelige overfor Gud, som har givet dem det evige liv. Når vi forstår Guds hjerte, vil vi ikke stille spørgsmålstegn ved hvorfor Gud skabte kundskabens træ, som er årsag til menneskelig lidelse. Vi vil i stedet være taknemmelige og ære Gud, for at han har givet os sin enbårne søn Jesus til at frelse menneskeheden.

Gud vil æres af sine sande børn

Gud har ikke kun kultiveret menneskeheden for at få sande børn, men også for at blive æret gennem dem. I Esajas' Bog 43:7 står der: *"Alle, der kaldes ved mit navn, dem jeg har skabt til min ære, dem jeg har dannet og skabt."* Og i Første Korintherbrev 10:31 står der: *"Enten I altså spiser eller drikker, eller hvad I end gør, skal I gøre alt til Guds ære."*

Gud er kærlighedens og retfærdighedens Gud. Han har ikke alene beredt Himlen og det evige liv til os, men har også givet sin enbårne søn for at frelse os. Alene derfor er Gud ærværdig. Men det, som Gud virkelig vil, er ikke kun at blive æret. Den egentlige grund til at Gud vil herliggøres er, at han vil give denne herlighed tilbage til de mennesker, som ærer ham. I Johannesevangeliet 13:32 står der: *"Er Gud herliggjort i ham, skal Gud også herliggøre ham i sig, og han skal snart herliggøre ham."*

Når Gud bliver herliggjort af os, giver han os en overflod af velsignelser på denne jord, og han vil også give os den evige herlighed i himmeriget. I Første Korintherbrev 15:41 står der: *"Solen og månen og stjernerne har hver sin glans, og stjerne adskiller sig fra stjerne i glans."*

Det fortæller os om de forskellige boliger og den forskellige glans vi hver især vil få, når vi er blevet frelst og nyder det evige liv i himmeriget. De himmelske boliger og glansen vil blive afgjort af i hvor høj grad vi har skilt os af med vores synder, har rene og hellige hjerter, og har tjent Guds rige med trofasthed. Når først disse ting gives, kan de ikke forandres.

Gud skabte mennesket for at få sande børn, som var i ånden. Hans oprindelige plan var at mennesket med deres egen fri vilje skulle vælge at skille sig af med kødet og den usande sjæl, og forandre sig til åndelige mennesker og mennesker med en fuldkommen ånd. Guds oprindelige intention med at skabe og kultivere mennesket vil blive fuldført gennem de mennesker, som er blevet åndelige mennesker og mennesker med en fuldkommen ånd.

Hvor mange mennesker tror du, der i dag lever liv, som lever op til Guds formål med at skabe mennesket? Hvis vi for alvor forstår Guds formål med at skabe menneske, vil vi bestemt genvinde Guds tabte billede, som vi mistede på grund af Adams synd. Vi vil kun se, høre og tale indenfor sandheden, og alle vores tanker og handlinger vil være hellige og fuldkomne. Sådan bliver man Guds sande barn, som vil give endnu større glæde end den glæde Gud følte, da han havde skabt Adam. Disse sande børn af Gud vil blive herliggjort langt mere i Himlen, end Adam blev herliggjort i Edens have, da han levede der som en levende ånd!

Kapitel 3

Sande mennesker

Gud skabte mennesket efter sit eget billede.
Det er hans oprigtige vilje, at vi skal genvinde
det tabte billede af Gud og deltage i den guddommelige natur.

Menneskets fulde pligt

Gud gik med Enok

Guds ven Abraham

Moses elskede sit folk mere end sit liv

Apostelen Paulus lignede Gud

Han kaldte dem guder

Hvis vi praktiserer Guds ord, kan vi genvinde det åndelige hjerte, som er fyldt med viden om sandheden, ligesom det hjerte Adam havde før hans syndede, da han var en levende ånd. Menneskets pligt er at genfinde Guds tabte billede, som vi mistede på grund af Adams synd, og at praktisere den guddommelige natur. I Bibelen kan vi se, at de mennesker, som modtog Guds ord og bragte det videre, som talte om Guds hemmeligheder og som manifesterede den levende Guds kraft, blev anset for at være så ærværdige, at selv kongerne bukkede for dem. Det skyldtes, at de var sande børn af den Højeste (Salmernes Bog 82:6).

Kong Nebukadnesar i Babylon havde engang en drøm, som gjorde ham nervøs. Han tilkaldte mirakelmagere og troldmænd, som skulle fortælle ham drømmen og tolke den uden at han sagde, hvordan drømmen havde været. Dette var helt umuligt med menneskelig kraft, men muligt for Gud, som ikke lever i en menneskekrop.

Daniel var et gudeligt menneske, og han bad kongen om en frist, sådan at han kunne tolke drømmen for ham. Gud

201

åbenbarede hemmeligheden for Daniel i et nattesyn, og Daniel trådte frem for kongen, fortalte ham drømmen og tolkede den. Så kastede kong Nebukadnesar sig til jorden og hyldede Daniel, og han gav ordrer til, at man skulle bringe ham offergaver og røgelse. Desuden hyldede han Gud.

Menneskets fulde pligt

Kong Salomo havde støtte rigdom og overflod end nogen anden. Med udgangspunkt i det forenede rige som hans far David havde etableret, blev landets magt stadig større og mange af de omkringliggende lande betalte afgifter til ham. Kongeriget toppede med hensyn til rigdom under Salomos herredømme (Første Kongebog kap. 10).

Men som tiden gik, glemte han Guds nåde. Han troede, at tingene skete ved hans egen kraft. Og han ignorerede Guds ord og brød hans befaling om ikke at indgå ægteskab med ikke-jødiske kvinder. Han havde mange ikke-jødiske medhustruer i sin sidste levetid. Desuden byggede han offerhøje, sådan som hans medhustruer ønskede og tilbad selv de fremmede afguder.

Gud advarede ham to gange om ikke at dyrke disse fremmede afguder, men Salomo adlød ikke. Til sidst kom Guds vrede over ham, og i den følgende generation blev Israel opdelt i to riger. Salomo kunne gøre, hvad han ville, men i sine sidste dage bekendte han alligevel: "Endeløs tomhed, alt er tomhed." (Prædikerens Bog 1:2).

Han indså, at alt i denne verden er meningsløst, og

konkluderede derfor: *"Frygt Gud, og hold hans bud, det skal alle mennesker!"* (Prædikerens Bog 12:13) Han sagde, at menneskets pligt er at frygte Gud og holde hans bud. Hvad betyder det? At frygte Gud er at hade det onde (Ordsprogenes Bog 8:13). De mennesker, som elsker Gud, vil derfor skille sig af med det onde og holde hans bud, og på denne måde vil de fuldføre menneskets pligt. Man kan sige, at vi bliver fuldkomne mennesker, når vi kultiverer Herrens hjerte og fuldt ud genvinder Guds tabte billede. Så lad os nu se nærmere på nogle af de patriarker og andre mennesker med sand tro, som har behaget Gud.

Gud gik med Enok

Gud gik med Enok i trehundrede år og tog ham til sig i levende live. Syndens løn er død, og det, at Enok blev taget op til himlen uden at se døden, er bevis på at Gud anerkendte ham som syndefri. Han havde kultiveret et rent og skyldfrit hjerte, som lignede Guds. Derfor kunne Satan ikke anklage ham for noget, da han blev taget op i himlen i levende live.

I Første Mosebog 5:21-24 står der følgende: *"Da Enok havde levet i 65 år, fik han Metusalem. Efter at Enok havde fået Metusalem, vandrede han med Gud i 300 år og fik sønner og døtre. Enok levede i alt 365 år. Han vandrede med Gud. Så var han der ikke mere, for Gud havde taget ham bort."*

At vandre med Gud betyder, at Gud er med dette menneske hele tiden. Enok levede ved Guds vilje i 300 år. Gud var med ham, hvor end han gik.

Gud er lys, godhed, og kærligheden selv. Hvis vi vil gå med Gud, kan vi ikke have noget mørke i vores hjerte, og vi må være fyldt med godhed og kærlighed. Enok levede i en syndefuld verden, men han holdt sig selv ren. Han viderebragte også Guds budskab til verden. I Judas' Brev 1:14 står der: *"Det var også dem, Enok i syvende slægtled efter Adam profeterede om: "Se, Herren kommer omgivet af sine titusinder af hellige."* Som der står, fortæller han folk om Herrens genkomst og om dommedag.

Bibelen siger ikke noget om Enoks store bedrifter eller om at han gjorde noget ekstraordinært for Gud. Men Gud elskede ham, fordi han havde ærefrygt for Gud og levede et helligt liv, hvor han undgik det onde. Derfor tog Gud ham til sig i en "ung alder." Folk levede dengang mere end 900 år, og han var kun 365, da han blev taget bort. Så han var en ung mand i fuld vigør.

I Hebræerbrevet 11:5 står der: *"I tro blev Enok taget bort, for at han ikke skulle se døden, og han var der ikke mere, for Gud havde taget ham bort; for det er bevidnet, at før han blev taget bort, havde han behaget Gud."*

Også i dag vil Gud, at vi skal leve et helligt og godt liv med rene og smukke hjerter uden verdens besudling, sådan at han kan gå med os hele tiden.

Guds ven Abraham

Gud ønskede, at menneskeheden skulle vide, hvad et sandt barn af Gud er gennem Abraham, som er trosfaderen. Abraham blev kaldt en kilde til velsignelser og Guds ven. En ven er et menneske, som man kan stole på og dele sine hemmeligheder med. Der var naturligvis brug for raffinering, før Abraham fuldt ud stolede på Gud. Så hvordan blev han anerkendt som Guds ven?

Abraham adlød Gud med "ja" og "amen." Da han fik Guds kald om at forlade sin hjemby, adlød han uden at vide, hvor han skulle hen. Han søgte også andres vinding og stiftede fred. Han boede sammen med sin nevø Lot, og da de skulle tage afsked med hinanden, gav han sin nevø retten til at vælge land først. Da Abraham var den ældste, havde han ret til selv at vælge først, men han trak sig.

I Første Mosebog 13:9 siger Abraham: *"Se, hele landet ligger åbent foran dig! Lad os gå hver til sit; vil du til venstre, går jeg til højre, og vil du til højre, går jeg til venstre."*

For Abraham havde et smukt hjerte. Gud gav ham igen løftet om velsignelser. I Første Mosebog 13:15-16 siger Gud: *"Se ud over landet, derfra hvor du står, mod nord og syd, mod øst og vest. Hele det land, du ser, vil jeg give dig og dine efterkommere for evigt. Jeg vil lade dine efterkommere blive som jordens støv; hvis nogen kan tælle ordens støv, kan også dine efterkommere tælles."*

En dag angreb samlede styrker fra adskillige kongeriger

205

Sodoma og Gomorra, hvor Abrahams nevø Lot levede, og tog både mennesker og krigsbytte med sig. Abraham mønstrede sine våbenføre mænd, der var født som hans trælle, 318 mand, og forfulgte dem helt til Dan. Og han kom tilbage med alle egendelene, sin slægtning Lot og alle hans egendele, og kvinderne og folkene.

Sodomas konge ville give Abraham egendelene for at takke ham, men Abraham sagde: "*Jeg vil ikke have noget af dit, ikke så meget som en tråd eller en sandalrem! Du skal ikke kunne sige: Jeg har gjort Abram rig!*" (Første Mosebog 14:23) Det ville ikke have været forkert at tage imod det, som kongen gav, men Abraham afslog kongens tilbud for at bevise, at materielle velsignelser kun kommer fra Gud. Han søgte kun Guds herlighed med sit rene hjerte, der var blottet for selviske lyster, og Gud velsignede ham i overflod.

Da Gud befalede Abraham at ofre sin søn Isak som brændoffer, adlød han straks, for han stolede på, at Gud kunne bringe de døde tilbage til livet. Og til sidst udnævnte Gud ham til trosfader med ordene: "*...vil jeg velsigne dig og gøre dine efterkommere så talrige som himlens stjerner og som sandet ved havets bred. Dine efterkommere skal erobre deres fjenders porte. Alle jordens folk skal velsigne sig i dit afkom, fordi du adlød mig*" (Første Mosebog 22:17-18). Desuden lovede Gud ham at Guds søn, Jesus, som ville frelse menneskeheden, skulle være blandt hans efterkommere.

I Johannesevangeliet 15:13 står der: "*Større kærlighed har*

ingen end den at sætte sit liv til for sine venner." Abraham var
villig til at ofre sin eneste søn Isak, som han satte endnu højere
end sit eget liv, og dermed udtrykte han sin kærlighed til Gud.
Og Gud lod Abraham være et eksemplarisk udtryk for den
menneskelige kultivering ved at kalde ham sin ven på grund af
hans store tro og kærlighed til Gud.

Gud er almægtig og dermed kan han gøre, hvad han vil, og
han kan give os hvad som helst. Men han giver kun sine børn
velsignelser og svar på deres bønner i den udstrækning, de lader
sig forandre af sandheden gennem den menneskelige kultivering,
sådan at de kan føle Guds kærlighed og være taknemmelige for
hans velsignelser.

Moses elskede sit folk mere end sit liv

Da Moses var prins i Egypten, dræbte han en egypter i et
forsøg på at hjælpe sit eget folk, og han måtte dermed flygte fra
Faraos palads. Fra da af levede han i ødemarken som hyrde, og
passede en dyreflok i fyrre år.

Moses var i en ydmyg position, da han tog sig af flokken i
ødemarken i Midjan, og han måtte opgive al den stolthed og
selvretfærdighed, som han havde haft, da han var prins i Egypten.
Gud viste sig for denne ydmyge Moses og gav ham den pligt at
føre israelitterne ud af Egypten. Moses måtte sætte sit eget liv på
spil for at gøre det, men han adlød og tog af sted til Faraoen.

Hvis vi tænker på, hvordan israelitterne opførte sig, kan vi se, at Moses havde et stort hjerte, da han tog imod og favnede alle disse mennesker. Når de havde problemer, beklagede de sig til Moses og forsøgte endda at stene ham. Når de ikke havde vand, beklagede de sig over, at de var tørstige. Når de havde vand, beklagede de sig over, at de ikke havde mad. Da Gud gav dem manna fra oven, beklagede de sig over, at de ikke havde kød. De sagde, at de havde spist godt, da de var i Egypten, og nedgjorde dermed mannaen som dårlig mad. Da Gud endelig vendte ansigtet bort fra dem, kom der slanger fra ørkenen og bed dem. Men de blev alligevel frelst, da Gud hørte Moses' oprigtige bøn. Folket havde længe set, at Gud var med Moses, men de lavede alligevel en guldkalv og tilbad den, så snart Moses var udenfor synsvidde. De lod sig også narre af ikke-jødiske kvinder til at begå hor i form af åndelig utroskab. Moses bad til Gud med tårer på folkets vegne. Han tilbød sit liv til gengæld for deres tilgivelse, selv om de ikke huskede på den nåde, de havde modtaget.

I Anden Mosebog 32:31-32 står der:

Så vendte Moses tilbage til Herren og sagde: "Ak, dette folk har begået en stor synd; de har lavet sig en gud af guld. Gid du dog ville tilgive dem deres synd! Men hvis ikke, så slet mig af den bog, du fører."

At blive slettet af den bog, Gud fører, betyder her at man ikke vil blive frelst og at man vil lide i Helvedes ild til evig tid, hvilket er den evige død. Moses vidste det udmærket, men han var så opsat på at opnå folkets tilgivelse, at han var villig til at ofre sig selv for det. Hvad mon Gud har følt, da han så denne Moses? Moses forstod, at Gud af hjertets grund hadede synder, men ønskede at frelse synderne, og Gud var tilfreds med Moses og elskede ham i høj grad. Han hørte Moses, da han bad i kærlighed for at israelitterne kunne undgå ødelæggelsen.

Lad os forestille os, at vi har en diamant. Den er uden fejl og næsten på størrelse med en knytnæve. Ved siden af ligger der tusindvis af sten på nogenlunde samme størrelse. Hvad vil mon være det mest værdifulde? Uanset hvor mange sten, der er, vil man ikke bytte dem med diamanten. På samme måde havde Moses, som for alvor havde levede op til formålet med den menneskelige kultivering, langt større værdi end de mange millioner mennesker, som ikke gjorde det (Anden Mosebog 32:10).

I Fjerde Mosebog 12:3 står der om Moses: *"Men manden Moses var mere sagtmodig end noget andet menneske på jorden."* Og i Fjerde Mosebog 12:7 fortæller Gud om han: *"Sådan gør jeg ikke med min tjener Moses, han er den betroede i hele mit hus."*

Bibelen fortæller os mange gange om Guds kærlighed til Moses. I Anden Mosebog 33:11 står der: *"Og Herren talte med Moses ansigt til ansigt, som det ene menneske taler med det andet."* I Anden Mosebog kap 33 ser vi også, at Moses beder

Gud om at vise sig for ham, og at Gud hører ham.

Apostelen Paulus lignede Gud

Apostelen Paulus arbejdede for Herren af al sin kraft, og alligevel sørgede han altid over sin fortid, hvor han havde forfulgt Herren. Så han modtog med taknemmelighed og velvilje alle de alvorlige prøvelser, og sagde: *"For jeg er den ringeste af apostlene, ikke værdi til at kaldes apostel, for jeg har forfulgt Guds kirke"* (Første Korintherbrev 15:9).

Han blev sat i fængsel, slået utallige gange, var ofte i livsfare. Fem gange fik han niogtredive piskeslag af jøderne. Tre gange blev han slået med kæppe, en gang blev han stenet, tre gange led han skibbrud, og drev rundt på det åbne hav i et døgn. Han havde ofte været på rejse, i fare fra floder, i fare fra røvere, i fare fra sine landsmænd, i fare fra hedningene, i fare i byerne, i fare i ødemarken, i fare til havs, i fare bandt falske brødre. Han havde arbejdet og slidt, haft mange søvnløse nætter, lidt sult og tørst, ofte fastet, døjet kulde og manglet klæder.

Hans lidelse var så store, at han i Første Korintherbrev 4:9 sagde: *"Mig forekommer det nemlig, at Gud har gjort os apostle til de ringeste, næsten til dødsdømte; vi er blevet et skuespil for verden, både for engle og mennesker."*

Så hvad var da grunden til at Gud lod apostelen Paulus, som var så trofast, lide alle disse forfølgelser og vanskeligheder? Gud ville, at Paulus skulle blive et menneske med et hjerte så smukt og rent som krystal. Paulus satte ikke sin lid til andre end Gud i de svære situationer, hvor han kunne være blevet arresteret eller slået ihjel. Han fandt sin trøst og glæde i Gud. Og han fornægtede sig selv fuldkommen for at kultivere sit hjerte.

Paulus' følgende bekendelse er rørende, fordi han var blevet et smukt menneske gennem sine prøvelser. Han gjorde ikke noget forsøg på at undgå vanskelighederne, selv om der var tale om ting, som intet almindeligt menneske kunne udholde. Og han bekendte sin kærlighed til kirke og menigheden i Andet Korintherbrev 11:28 med ordene: *"Hertil kommer det, som dagligt trykker mig: bekymringen for alle menighederne."*

I Romerbrevet 9:3 siger han om de mennesker, som vil dræbe ham: "Jeg ville ønske, at jeg selv var forbandet og skilt fra Kristus, hvis det kunne hjælpe mine brødre og landsmænd." Ordene "brødre" og "landsmænd" henviser her til jøderne og farisæerne, som forfulgte og generede Paulus.

I Apostlenes Gerninger 23:12-13 står der: *"Da det blev dag, rottede jøderne sig sammen og svor på, at de hverken ville spise eller drikke, før de havde fået Paulus slået ihjel. Der var mere end fyrre med i den sammensværgelse."*

Paulus havde aldrig gjort dem noget, sådan at de kunne bære nag overfor ham. Han havde aldrig løget overfor dem eller skadet dem. Men da han prædikede budskabet og udviste Gud kraft, rottede de sig sammen i en gruppen, som ville have ham slået ihjel.

Ikke desto mindre bad han for disse menneskers frelse, også

selv om det blev på bekostning af hans egen. Derfor gav Gud
ham så stor kraft: Han havde kultiveret så stor godhed, at han var
villig til at ofre sit liv for folk, som forsøgte at slå ham ihjel.
Gud lod han udvise ekstraordinære gerninger såsom at uddrive onde
ånder og sygdomme, bare ved at folk fik et lommetørklæde eller
et bælte, som han havde rørt ved.

Han kaldte dem guder

I Johannesevangeliet 10:35 står der: *"Loven kalder dem
guder, som Guds ord er kommet til – og Skriften kan ikke
rokkes."* Når vi får Guds ord og praktiserer det, kan vi blive
sandfærdige personer, dvs. åndelige mennesker. På den måde
kommer vi til at ligne Gud, som er ånd, når vi bliver åndelige
mennesker eller ligefrem mennesker med en fuldkommen ånd. I
den udstrækning, det lykkes, bliver vi dermed også væsener, som
ligner Gud.

I Anden Mosebog 7:1 står der: *"Da sagde Herren til Moses:*
"Se, jeg gør dig til gud for Farao, og Aron, din bror, skal være
din profet.""" Og i Anden Mosebog 4:16 står der: *"Han skal*
tale til folket på dine vegne; han skal være mund for dig, og du
skal være gud for ham." Som der står, gav Gud Moses så stor en
kraft, at han var som en gud for andre mennesker.

I Apostlenes Gerninger kap 14 helbreder apostelen Paulus i
Jesu Kristi navn en mand, som aldrig havde kunne gå. Manden

sprang op og kunne gå, og folk var så forbløffede, at de sagde: *"Guderne er i menneskeskikkelse kommet ned til os!"* (Apostlenes Gerninger 14:11) Som i dette eksempel kan de mennesker, som går med Gud, komme til at ligne Gud, fordi de er åndelige mennesker, selv om de har fysiske kroppe.

Derfor beskrives det i Andet Petersbrev 1:4: *"Og dermed har han også skænket os sine store, dyrebare løfter, så I ved dem kan slippe fri af forkrænkeligheden i denne verden med dens begær og få del i den guddommelige natur."* Lad os indse, at Gud har et oprigtigt ønske om, at mennesket skal få del i den guddommelige natur, så vi kan skille os af med alt det forgængelige kød, der kun har mørkets kraft, give liv til ånden gennem Ånden, og for alvor få del i den guddommelige natur.

Når først vi når et niveau, hvor vi har en fuldkommen ånd, betyder det, at vi har genvundet ånden fuldstændig. For at gøre det, skal vi genvinde Guds tabte billede, som blev mistet på grund af Adams synd, og dermed kan vi komme til at få del i den guddommelige natur.

På dette niveau kan vi få kraft fra Gud. Guds kraft er en gave, som gives til de af hans børn, som ligner ham (Salmernes Bog 62:11). Beviset på at man har fået Guds kraft, er de tegn og undere, ekstraordinære mirakler og forunderlige ting, som manifesteres ved Helligåndens gerning.

Hvis vi får denne kraft, kan vi føre utallige sjæle på vejen til liv og frelse. Peter udførte mange store gerninger med Helligåndens kraft.

213

Én gang hvor han prædikede, blev mere end fem tusind mennesker frelst. Guds kraft er bevis på at den levende Gud er med et bestemt menneske. Den er også en sikker måde til at plante tro hos folk.

Folk tror ikke, hvis ikke de ser tegn og gerninger (Johannesevangeliet 4:48). Derfor manifesterer Gud sin kraft gennem mennesker med fuldkommen ånd, som har genvundet deres ånd fuldstændig, sådan at folk kan tro på den levende Gud, Frelseren Jesus Kristus, Himmel og Helvede, og Bibelens sandfærdighed.

Kapitel 4
Det åndelige rige

Bibelen fortæller os ofte om det åndelige rige
og folks oplevelse af det. Efter vores liv på denne jord
vil vi komme til dette åndelige rige.

Apostelen Paulus kendte det åndelige riges hemmeligheder

Det ubegrænsede åndelige rige beskrives i Bibelen

Himlen og Helvede findes helt sikkert

Livet efter døden for de sjæle, der ikke frelses

Ligesom solen og månen har forskellig glans

Himlen kan ikke sammenlignes med Edens have

Ny Jerusalem, den bedste gave som gives til de sande børn

När de mennesker, som har genvundet Guds tabte billede, afslutter deres liv på jorden, kommer de tilbage til det åndelige rige. Til forskel fra vores fysiske rige, er det åndelige rige ubegrænset. Vi kan ikke måle dets højde, dybte eller vidde. Dette udstrakte, åndelige give kan opdeles i et lyst rum, som tilhører Gud, og et mørkt rum, som er blevet givet til de onde ånder. I det lyse rum ligger Himmeriget, som er beredt til Guds børn, der frelses ved troen. I Hebræerbrevet 11:1 står der: *"Tro er fast tillid til det, der håbes på, overbevisning om det, der ikke kan ses."* Som nævnt er det åndelige rige en verden, som ikke kan ses. Men ligesom vinden eksisterer i vores fysiske verden, selv om den ikke kan ses, kan eksistensens af det åndelige rige bekræftes ved manifestationen af ting, som vi ikke kan tillade os at håbe på i den fysiske verden.

Troen er den port, som forbinder os med det åndelige rige. Den er den måde, hvorpå vi, som lever i den fysiske verden, kan møde Gud, som er i det åndelige rige. I troen kan vi kommunikere med Gud, som er ånd. Vi kan høre og forstå Guds ord, når vores åndelige ører åbnes, og når vores åndelige øjne åbnes kan vi se det åndelige rige, som ikke kan ses med de fysiske øjne.

I takt med at vores tro vokser, vil vi få større håb om himmeriget og en bedre forståelse for Guds hjerte. Når vi indser og mærker hans kærlighed, kan vi ikke undgå at elske ham. Og når vi opnår en fuldkommen tro, vil der desuden finde ting sted i det åndelige rige, som ikke er mulige i den fysiske verden, for Gud vil være med os.

Apostelen Paulus kendte det åndelige riges hemmeligheder

I Andet Korintherbrev 12:1 og frem fortæller Paulus om sin oplevelse af det åndelige rige: *"Stolt vil jeg være, selv om det ikke nytter, og nu kommer jeg til syner og åbenbaringer fra Herren."* Derefter fortæller han om sin oplevelse af at være i Paradis i den tredje himmel i himmeriget.

I Andet Korintherbrev 12:6 siger han: *"For hvis jeg ville være stolt, ville jeg ikke være vanvittig; det ville jo være sandt, hvad jeg sagde. Men jeg lader være, for at ingen skal få højere tanker om mig end dem, han får ved at se eller høre mig."* Apostelen Paulus havde mange åndelige oplevelser og fik åbenbaringer fra Gud, men han kunne ikke tale om de ting, han fik kendskab til i det åndelige rige.

I Johannesevangeliet 3:12 siger Jesus: *"Tror I ikke, når jeg har talt til jer om det jordiske, hvordan skal I så tro, når jeg taler til jer om det himmelske?"* Jesu disciple kunne ikke fuldt ud tro på Jesus, selv efter at de havde set mange kraftfulde gerninger med deres egne øjne. De fik først sand tro, da de så Herrens genopstandelse. Derefter viede de deres liv til Guds rige og budskabets udbredelse. På samme måde kendte apostelen Paulus det åndelige rige, og han fuldførte derfor sine pligter af al sin kraft.

Er det muligt for os at mærke og forstå det mystiske åndelige rige på samme måde som Paulus? Ja, naturligvis. For det første må vi længes efter det åndelige rige. Det at længes inderligt efter det åndelige rige beviser, at vi anerkender og elsker Gud, som er ånd.

Det ubegrænsede åndelige rige beskrives i Bibelen

I Bibelen er der mange optegnelser om det åndelige rige og spirituelle oplevelser. Adam blev skabt som et levende væsen, dvs. en levende ånd, og han kunne kommunikere med Gud. Efter ham kom der mange profeter, som kommunikerede med Gud og til tider hørte Guds stemme direkte (Første Mosebog 5:22, 9:9-13; Anden Mosebog 20:1-17; Fjerde Mosebog 12:8). Til tider viser englene sig for folk for at overbringe beskeder fra Gud. Der er også optegnelser om de fire levende væsener (Ezekiels Bog 1:4-14), keruber (Anden Samuelsbog 6:2; Ezekiels Bog 10:1-6), heste og vogne af ild (Anden Kongebog 2:11; 6:17), som tilhører det åndelige rige.

Det Røde Hav blev delt i to. Vand kom ud af en klippe

219

gennem det gudelige menneske Moses. Solen og månen stoppede og stod stille gennem Josvas bøn. Elias bad til Gud og bragte dermed ild ned fra himlen. Da han var færdig med sine opgaver på denne jord, blev han taget op til Himlen i en hvirvelvind. Dette er eksempler på, at det åndelige rige indvirker på det fysiske rum. I Anden Kongebog kap. 6 kommer den aramæiske hær for at fange Elisa. Elisas tjener Gehazis åndelige øjne bliver åbnet, og han ser en hel hær af ildheste og ildvogne, som omgiver Elisa for at beskytte ham. Daniel blev smidt i løvekulen på grund af de øvrige rigsråders snedige plan, men han led ingen skade, for Gud sendte sin engel til at lukke løvernes mund. Daniels tre venner nægtede at adlyde kongen, men fastholdt i stedet deres tro. De blev smidt i den flammende ovn, som var syv gange varmere end normalt. Men der blev ikke svedet så meget som et hår på deres hoveder.

Guds søn Jesus antog også en menneskekrop, da han kom ned til denne jord, men han manifesterede ting fra det endeløse åndelige rige, da han ikke var bundet af der fysiske rums begrænsninger. Han genoplivede de døde, helbredte forskellige sygdomme, og gik på vandet. Desuden viste han sig pludselig efter sin opstandelse for to af disciplene, som var på vej til Emmaus (Lukasevangeliet 24:13-16), og han gik gennem væggene på et hus og viste sig inden i huset for de disciple, der havde gemt sig dér på grund af frygt for jøderne (Johannesevangeliet 20:19). Dette er rent faktisk teleportation, som overskrider det fysiske rum. Det fortæller os, at det åndelige rige transcendere tiden og rummets begrænsninger. Der er et åndeligt rum, som adskiller sig fra det fysiske rum, vi kan se med det blotte øje, og Jesus bevægede sig rundt i dette åndelige rum for at vise sig på det tidspunkt og sted, han ønskede.

De børn af Gud, som har borgerskab i Himlen, må længes efter åndelige ting. Gud lader mennesker med denne længsel opleve det åndelige rige, som han sagde i Jeremias' Bog 29:13: *"Søger I mig, skal I finde mig. Når I søger mig af hele jeres hjerte, er jeg at finde."*

Vi kan kommer ind i ånden og Gud kan åbne vores åndelige øjne, når vi skiller os af med vores selvretfærdighed, selvopfattelse og selvcentrerede tankebygninger, og desuden har den ovennævnte længsel.

Apostelen Johannes var en af Jesu tolv disciple (Johannesåbenbaringen 1:1, 9). I år 95 blev han arresteret af Domitianus, som var kejser i Rom, og smidt i en gryde med kogende olie. Han døde ikke af det, men blev sendt i eksil på øen Patmos i Ægæerhavet. Der nedfældede han sin åbenbaring.

Men Johannes måtte kvalificere sig til det for at være i stand til at få disse dybe åbenbaringer. Han måtte helliggøre sig uden at have nogen form for ondskab, og han skulle have et hjerte, der lignede Herrens. Han kunne modtage de dybe hemmeligheder og åbenbaringer fra Himlen ved Helligåndens inspiration gennem flittig bøn af et fuldkommen rent og helligt hjerte.

Himlen og Helvede findes helt sikkert

I det åndelige rige findes Himlen og Helvede. Kort tid efter jeg åbnede Manmin kirke, viste Gud mig Himlen og Helvede under en bøn. Den skønhed og lykke, som opleves i Himlen, kan hverken udtrykkes eller formidles med ord.

I nytestamentlig tid får folk tilgivet deres synder og opnår frelse, når de tager imod Jesus Kristus som deres personlige Frelser. Når deres liv på jorden er slut, vil de først komme til den Øvre Grav. Der vil de blive i tre dage for at tilpasse sig det åndelige rige, og så vil de komme til ventestedet i Paradis i Himmeriget. Trosfaderen Abraham var ansvarlig for den Øvre Grav indtil Herrens himmelfart, og det er derfor, vi finder optegnelser i Bibelen om den fattige Lazarus, som kom til Abrahams skød.

Jesus prædikede budskabet for sjælene i den Øvre Grav efter at han havde udåndet på korset (Første Petersbrev 3:19). Da han havde gjort det, genopstod han og bragte alle sjælene derfra til Paradis. Siden da har de sjæle, som er blevet frelst, været i ventestedet i Himlen i yderkanten af Paradis. Når dommen fra den Store Hvide Trone er overstået, vil de komme til deres respektive himmelske opholdssteder alt efter deres forskellige mål af tro, og der vil de leve til evig tid.

Ved dommen fra den Store Hvide Trone, som vil blive afholdt, når den menneskelige kultivering er overstået, vil

Gud dømme enhver handling som hver af os har foretaget siden skabelsen, og vurdere, om den er god eller ond. Dette kaldes dommen fra den Store Hvide Trone, fordi Guds trone vil være så klar og skinnende, at den ser fuldkommen hvid ud (Johannesåbenbaringen 20:11).

Denne store dom vil blive afholdt efter Herrens genkomst til jorden i luften, og efter at Tusindårsriget er ovre. For de sjæle, der er blevet frelst, vil det være en dom om belønninger, og for dem, der ikke er det, vil det være en dom om straf.

Livet efter døden for de sjæle, der ikke bliver frelst

De mennesker, som ikke har taget imod Herren, og de, som har bekendt deres tro på ham, men ikke er blevet frelst, vil blive taget til Helvede efter deres død af to budbringere. De vil komme til et sted, der er ligesom en stor grav, og der vil de være i tre dage for at forberede sig på at leve i den Nedre Grav. Der venter dem kun en overvældende smerte. Efter de tre dage vil de blive flyttet til den Nedre Grav, hvor de vil blive straffet for deres synder. Den Nedre Grav er en del af Helvede, der er ligeså udstrakt som Himlen, og der er mange forskellige steder, hvor de sjæle, der ikke er blevet frelst, kan blive anbragt.

Indtil dommen fra den Store Hvide Trone finder sted, vil sjælene i den Nedre Grav få forskellige former for straf. Disse straffe inkluderer at blive flænget af insekter eller dyr, eller at blive tortureret af Helvedes budbringere. Efter dommen fra den

223

Store Hvide Trone vil de enten komme i ildsøen eller i søen af svovl (også kendt som søen af brændende svovl), og der vil de lide til evig tid (Johannesåbenbaringen 21:8).

Straffene i ildsøen og søen af svovl er så smertefulde, at de slet ikke kan sammenlignes med straffene i den Nedre Grav. Helvedes ild er så varm, at man slet ikke kan forestille sig det. Søen af svovl er syv gange varmere end søen af ild. Den er beregnet til de mennesker, som har begået utilgivelige synder såsom for eksempel gudsbespottelse eller modarbejdelse af Helligånden.

Gud viste mig engang ildsøen og søen af svovl. Begge steder var uendelig store, og de var fyldt af noget, der lignede damp, og som kom op af varme kilder. De mennesker, der var der, kunne ikke skelnes fra hinanden. Nogle af dem kunne ses fra brystet, og andre blev dyppet ned i søen op til halsen. I ildsøen vred folk sig og skreg, men i søen af svovl var smerten så stor, at de ikke engang kunne vride sig. Vi bør tro på denne usynlige verden, som helt sikkert eksisterer, og leve ved Guds ord, sådan at vi er sikre på at opnå frelse.

Ligesom solen og månen har forskellige glans

Apostelen Paulus forklarede os, hvordan vores krop vil være efter vores genopstandelse, og han sagde: *"Solen og månen og stjernerne har hver sin glans, og stjerne adskiller sig fra stjerne i glans"* (Første Korintherbrev 15:41).

Solens glans henviser til den herlighed, der gives til de mennesker, som har skilt sig fuldkommen af med deres synder, er blevet hellige, og er betroede i hele Guds hus på denne jord. Månens glans henviser til den herlighed, der gives til de mennesker, som endnu ikke har opnået et niveau, hvor de kan have solens glans. Stjernernes glans er den herlighed, som gives til dem, der har opnået endnu mindre end dem, der får månens glans. Desuden adskiller stjerne sig fra stjerne i glans, og det betyder at enhver vil få forskellig herlighed og forskellige belønninger, selv om de måske kommer til det samme opholdssted i Himlen.

Bibelen fortæller os, at vi vil få forskellig herlighed i Himlen. Vi vil få forskellige opholdssteder og belønninger alt efter i hvilken grad, vi har skilt os af med synderne, har åndelig tro, og har været trofaste overfor Guds rige.

Himmeriget har mange opholdssteder, og de vil blive tildelt alt efter hver enkelt menneskes mål af tro. Paradis gives til dem, der har det laveste mål af tro. Det Første Rige i Himlen er et niveau højere end Paradis, og det Andet Rige i Himlen er bedre end det Første. Det Tredje Rige i Himlen er bedre end det Andet, og i det Tredje Rige ligger byen Ny Jerusalem, hvor Guds trone står.

Himlen kan ikke sammenlignes med Edens have

Edens have er et så smukt og fredfyldt sted, at selv det smukkeste sted på jorden slet ikke kan sammenlignes med den.

Alligevel er der heller ingen sammenligning mellem Edens have og Himmeriget. Der er stor forskel på den lykke, man føler i Edens have og den, man føler i Himmeriget, for Edens have ligger i den anden himmel og Himmeriget ligger i den tredje himmel. De, der lever i Edens have, er ikke sande børn er Gud, som har undergået den menneskelige kultivering.

Hvis vi siger, at det jordiske liv er et liv i mørke uden noget lys, så vil livet i Edens have være ligesom at leve med en lampe, og livet i Himlen vil være som at leve med klare elektriske lys. Før det elektriske lys blev opfundet, brugte folk lamper, som ikke gav ret meget lys. Alligevel havde de deres værdi. Men da folk så det første elektriske lys, blev de forbløffede.

Det er allerede blevet nævnt, at de forskellige himmelske opholdssteder vil blive tildelt alt efter folks mål af tro og den åndelighed i hjertet, som de har kultiveret under deres liv på jorden. Hver af de himmelske opholdssteder adskiller sig betydeligt fra hinanden med hensyn til den herlighed og lykke, som opleves på stedet. Hvis vi kommer hinsides niveauet for hellighed og bliver betroede i hele Guds hus, og dermed bliver fuldt ud åndelige mennesker, kan vi komme til byen Ny Jerusalem, hvor Guds trone står.

Ny Jerusalem, den bedste gave som gives til de sande børn

Som Jesus sagde i Johannesevangeliet 14:2: *"I min faders*

hus er der mange boliger." Der er rent faktisk mange boliger i himlen. Der er byen Ny Jerusalem, hvor Guds trone står, og så der der Paradis, som vil rumme de mennesker, der kun med nød og næppe har opnået frelse.

Byen Ny Jerusalem, som også kaldes "Herlighedens By", er det smukkeste af alle de himmelske opholdssteder. Det er Guds ønske, at folk ikke kun skal blive frelst, men også komme ind i denne by (Første Timotheusbrev 2:4).

En bonde kan ikke altid opnå at hans hvede har den bedste kvalitet. På samme måde er det ikke alle, som gennemgår den menneskelige kultivering, der bliver sande børn af Gud og får en fuldkommen ånd. Så Gud bereder mange opholdssteder til de mennesker, der ikke er kvalificeret til at komme til Ny Jerusalem, såsom Paradis, Første, Andet og Tredje Rige i Himlen.

Der er meget stor forskel på Paradis og Ny Jerusalem, på samme måde som der er stor forskel på en lille forfalden hytte og et kongeligt palads. Ligesom forældre altid vil give deres børn det bedste, ønsker også Gud, at vi skal blive hans sande børn og dele alting med ham i Ny Jerusalem.

Guds kærlighed er ikke begrænset til en bestemt gruppe af mennesker. Den gives til alle, som tager imod Jesus Kristus. Men de himmelske opholdssteder og belønninger, og det mål af Guds kærlighed, som den enkelte får, vil afhænge af i hvor høj grad vedkommende har helliggjort sig og været trofast.

227

De, som kommer i Paradis, det Første Rige i Himlen, eller det Andet Rige i Himlen, vil ikke fuldt ud have skilt sig af med deres kødelighed, og de er ikke for alvor sande børn af Gud. Ligesom små børn ikke fuldt ud kan forstå deres forældre, vil det være svært for disse mennesker fuldt ud at forstå Guds hjerte. Derfor er det en del af Guds kærlighed og retfærdighed, at han bereder forskellige opholdssteder alt efter den enkeltes tro. Ligesom man har størst glæde af at være sammen med venner i samme aldersgruppe, er det mere behageligt og hyggeligt for de himmelske beboere at forsamles med dem, som har et lignende niveau af tro.

Byen Ny Jerusalem er også beviset på, at Gud har opnået den fuldkomne frugt gennem den menneskelige kultivering. De tolv grundsten til byen symboliserer, at hjerterne hos Guds børn, som kommer ind i byen, er så smukke som ædelsten. Perleporten viser, at de børn, som går gennem porten, har kultiveret sig med vedholdenhed, ligesom en musling kun kan danne en perle gennem vedholdende anstrengelser.

Når de går gennem perleporten, mindes de om den tålmodige vedholdenhed, som de har måtte udvise for at komme i himlen. Når de går på de gyldne gader, husker de troens vej, som de valgte på denne jord. De vil hver især få et hus, hvis størrelse og indretning minder dem om deres kærlighed til Gud, og om deres herliggørelse af Gud gennem troen.

De, som kommer ind i byen Ny Jerusalem, kan se Gud ansigt

til ansigt, for de har kultiveret deres hjerte, så det er så rent og smukt som krystal, og de er blevet Guds sande børn. De vil også blive betjent af adskillige engle og leve i evig lykke og glæde. Vi kan slet ikke forestille os euforien på dette hellige sted! Ligesom der er forskellige bøger på denne jord, er der det også i Himlen. Der er livets bog, hvori man finder navnene på de personer, som er blevet frelst. Der er også en mindebog, hvor der står om ting, som skal huskes til evig tid. Den har en gylden farve og et nobelt og kongeligt mønster på bindet, så man kan hurtigt se, at det er en bog med stor værdi. Den indeholder detaljerede optegnelser over de ting, som bestemte personer foretog sig i særlige situationer, og de vigtigste dele er endda blevet optaget på video.

Der står for eksempel om Abraham, der ofrede sin søn Isak som brændoffer; Elias bragte ild ned fra himlen; Daniel blev beskyttet i løvekulen; og Daniels tre venner kom uskadt ud af ovnen med flammende ild til Guds herlighed. Gud vil vælge en helt særlig dag til at åbne bogen og præsentere dens indhold for folk. Hans børn vil lytte til ham med lykke og ære ham med lovprisninger.

I Ny Jerusalem vil der konstant blive afholdt banketter. De vil blive afhold af Fader Gud, eller af Herren, Helligånden eller profeter såsom Elias, Enok, Abraham, Moses eller apostelen Paulus. Andre troende kan også invitere deres brødre i troen til banketter. Disse fester er højdepunkterne af det glædelige himmelske liv. De er begivenheder, hvor man kan se og nyde

Himlens overflod, frihed, skønhed og herlighed.

Selv på denne jord pynter folk sig smukt og hygger sig med at spise og drikke ved store banketter. Det samme gælder i Himlen. Ved de himmelske banketter vil englene optræde med sange, dans og musik. Guds børn kan også synge og danse til musikken. Festerne vil være fulde af den smukkeste dans og sang, og lyden af lykkelig latter. Der vil være glædelige samtaler med brødre i troen, som sidder her og der ved bordene, og det vil også være muligt at hilse på troens patriarker, som Guds børn har længtes efter at møde.

Hvis de troende bliver inviteret til en banket af Herren, vil de pynte sig så godt de kan, som den smukkeste brud for Herren. For han er vores åndelige brudgom. Når Herrens brude når frem til hans slot, vil to engle, som står ved hver side af porten, der stråler med skinnende lys, tage imod dem.

Slottets mure er dekoreret med forskellige dyrebare ædelsten. Øverst oppe er de udsmykket med smukke blomster, og disse blomster udsender en mild aroma for Herrens brude, som ankommer. Mens de går ind i slottet, kan de høre lyden af musik, som berøre den dybeste del af deres ånd. De føler lykke og velbehag, da de hører lovprisninger, og bevæges gennem deres taknemmelighed, idet de tænker på Guds kærlighed, som har ført dem til dette sted.

Når de går på den guldvej, som fører op til hovedbygningen i Herren slot ledsaget af engle, slår deres hjerter hurtigere. Da de nærmer sig, kan de se Herren, som kommer udenfor for at tage imod dem. Deres øjne fyldes straks af tårer, og de løber hen mod ham, for de ønsker at være hos ham så hurtigt som muligt.

Herren omfavner dem en efter en med et ansigtsudtryk af kærlighed og medfølelse, og med vidt åbne arme. Han byder dem velkommen med ordene: "Kom, mine smukke brude! Velkommen!" De troende takker Herren af hjertets grund for hans varme velkomst og siger: "Jeg er virkelig taknemmelig for, at du har inviteret mig!" Ligesom mennesker, der føler en dyb, gensidig kærlighed, går de inviterede hånd i hånd med Herren, mens de kigger sig omkring, og taler med ham om de ting, som de havde ønsket at diskutere med ham, mens de var på denne jord.

Livet i Ny Jerusalem hos den Treenige Gud er fyldt med kærlighed, glæde, lykke og fryd. Vi kan se Herren ansigt til ansigt, være ved hans skød, rejse med ham, og nyde mange ting sammen med ham. Sikke et lykkeligt liv! For at opnå denne lykke må vi blive hellige og åndelige, og vi må kultivere en fuldkommen ånd, som efterligner Herrens hjerte.

Så lad os hurtigt opnå den fuldkomne ånd med dette håb, få den velsignelse at alt går os godt og at vi er sunde, mens vores sjæl trives, og lad os senere komme så tæt som muligt på Guds trone i den herlige by Ny Jerusalem!

Forfatteren:
Dr. Jaerock Lee

Dr. Jaerock Lee blev født i Muan, Jeonnam provinsen, i den koreanske republik i 1943. Da han var i tyverne, led han af en række uhelbredelige sygdomme syv år i træk, og ventede på døden uden håb om bedring. En dag i foråret 1974 tog hans søster ham dog med i kirke, og da han knælede for at bede, helbredte den Levende Gud straks alle hans sygdomme.

Fra det øjeblik, hvor Dr. Lee mødte den Levende Gud gennem denne vidunderlige oplevelse, elskede han Gud oprigtigt af hele sit hjerte, og i 1978 blev han kaldet som Guds tjener. Han bad indtrængende om klart at forstå og opfylde Guds vilje, og adlød alle Guds bud. I 1982 grundlagde han Manmin Centralkirke i Seoul, Korea, og siden da har utallige af Guds gerninger fundet sted i denne kirke, inklusiv mirakuløse helbredelser og undere.

I 1986 blev Dr. Lee ordineret som pastor ved den årlige forsamling for Jesu Sungkyul kirke i Korea, og fire år senere i 1990 begyndte hans prædikener at blive udsendt til Australien, Rusland, Filippinerne og mange andre steder gennem det Fjernøstlige Udsendelsesselskab, Asiatisk Udsendelsesstation og Washington Kristne Radio.

Tre år senere i 1993 blev Manmin Centralkirke placeret på Top 50 for kirker over hele verden af magasinet *Christian World* i USA, og Dr. Lee modtog et æresdoktorat i guddommelighed fra Fakulteter for Kristen Tro i Florida, USA, og i 1996 en Ph.D i præsteembede fra Kingsway Teologiske Seminar, Iowa, USA.

Siden 1993 har Dr. Lee været en førende person i verdensmissionen gennem mange oversøiske kampagner i USA, Tanzania, Argentina,

Uganda, Japan, Pakistan, Kenya, Filippinerne, Honduras, Indien, Rusland, Tyskland, Peru, Congo, Israel, og Estland og i 2002 blev han kaldt en "verdensomspændende pastor" af en større kristen avis i Korea på grund af hans mange oversøiske kampagner.

Siden Juni 2014 har Manmin Centralkirke været en menighed med mere end 120.000 medlemmer. Der er 10.000 inden og udenrigs søsterkirker over hele kloden, og der er indtil videre udsendt mere end 123 missionærer til 23 lande, inklusiv USA, Rusland, Tyskland, Canada, Japan, Kina, Frankrig, Indien, Kenya og mange flere.

Indtil nu har Dr. Lee skrevet 92 bøger, blandt andet bestsellerne *En Smagsprøve på Det Evige Liv før Døden; Mit Liv, Min Tro (I) & (II); Budskabet fra Korset; Målet af Tro; Himlen I & II; Helvede og Guds Kraft* og hans værker er blevet oversat til mere end 76 sprog.

Hans kristne artikler er udsendt i *Hankook Ilbo, JoongAng Daily, Dong-A Ilbo, Chosun Ilbo, Munhwa Ilbo, Seoul Shinmun, Kyunghyang Shinmun, The Korea Economic Daily, The Korea Herald, Shisa News* og *The Christian Press*.

Dr. Lee er for øjeblikket leder af mange missionsorganisationer og foreninger, blandt andet bestyrelsesformand for Korea Forenede Hellighedskirke, Grundlægger og bestyrelsesformand for det Globale Kristne Netværk (GCN), Grundlægger og Bestyrelsesformand for Verdensnetværket af Kristne Læger (WCDN) og Grundlægger og Bestyrelsesformand for Manmin Internationale Seminar (MIS).

Himlen I & II

En detaljeret skitse af det prægtige liv som de himmelske borgere vil nyde, og en beskrivelse af forskellige niveauer af himmelske riger.

Budskabet fra Korset

En stærk vækkelsesbesked til alle menneske, som sover i spirituel forstand. I denne bog vil du se årsagen til, at Jesus er den eneste Frelser, og fornemme Guds sande kærlighed.

Helvede

En indtrængende besked til hele menneskeheden fra Gud, som ikke ønsker at en eneste sjæl skal falde i helvedes dyb! Du vil opdage en redegørelse, som aldrig før er blevet offentliggjort, over de barske realiteter i Hades og helvede.

En Smagsprøve på Det Evige Liv før Døden

Erindringsbaseret vidnesbyrd af pastor Jaerock Lee, som er blevet genfødt og frelst fra dødens dal, og har levet et eksemplarisk kristent liv.

Målet af Tro

Hvilken slags himmelsk bolig og hvilken slags krans og belønninger er blevet gjort klar i himlen? Denne bog giver visdom og vejledning til at måle sin tro, og kultivere den bedste og mest modne tro.

Vågn op, Israel

Hvorfor har Gud holdt øje med Israel fra verdens begyndelse indtil nu? Hvad er hans forsyn for de sidste dage for Israel, som venter på Messias?

Mit Liv, Min Tro I & II

En velduftende spirituel aroma, som er et ekstrakt af den uforlignelige kærlighed til Gud, som blomstrede op midt i mørke bølger, under det tungeste åg og i den dybeste fortvivlelse.

Guds Kraft

En essentiel vejledning, hvorved man kan opnå sand tro og opleve Guds forunderlige kraft. En bog, som må læses.